4.00

FOU RIRE
AU PARLEMENT

**Donnée de catalogage avant publication
de la Bibliothèque nationale du Canada**

Giguère, Guy, 1953-

Fou rire au parlement: quand nos policitiens se bidonnent!

ISBN 2-7604-0942-2

1. Québec (Province) – Politique et gouvernement – 1985-1994 – Humour.
2. Québec (Province) – Politique et gouvernement – 1994-2003 – Humour.
3. Parlementaires – Québec (Province) – Anecdotes. I. Titre.

FC2926.2.G53 2003   971.4'04'0207   C2003-941302-0

Couverture: Marc Lalumière
Infographie et mise en pages: Luc Jacques

© 2003, Les Éditions internationales Alain Stanké

Les Éditions internationales	Stanké international, Paris
Alain Stanké	Tél.: 01.40.26.33.60
7, chemin Bates	Téléc.: 01.40.26.33.60
Outremont (Québec) H2V 4V7	
Tél.: (514)396-5151	
Téléc.: (514)396-0440	
editions@stanke.com	

Dépôt légal
3ᵉ trimestre 2003

ISBN 2-7604-0942-2

Diffusion au Canada: Québec-Livres
Diffusion hors Canada: Vivendi (VUP'S)

Guy Giguère

FOU RIRE AU PARLEMENT

Quand nos politiciens se bidonnent!

Stanké
Ⓜ QUEBECOR MEDIA

À Isa-Alexandre et à François.

*Il faut rire avant que d'être heureux,
de peur de mourir sans avoir ri.*

La Bruyère

Introduction

Je serai bref afin de vous permettre de savourer le plus rapidement possible la *substantifique moelle* de cette publication.

En plus d'être un spectateur assidu de la joute oratoire se déroulant dans l'arène de la Chambre de l'Assemblée nationale, lors de la période des questions télédiffusée sur les ondes de Télé-Québec, j'ai déjà eu le privilège d'occuper la fonction d'attaché dans un cabinet ministériel. J'ai pu ainsi côtoyer régulièrement des ministres et des députés de tous les partis politiques.

On connaît très mal nos élus et encore moins leurs exigences de travail ainsi que leur profond dévouement. Mon projet vise particulièrement à vous faire découvrir un de leurs talents méconnus : le sens de l'humour vraiment hors du commun de nombre d'entre eux et d'entre elles. Vous en voulez un exemple tout de suite? Dans une conversation que j'avais avec deux ministres, l'un d'eux lança à la blague cette boutade: «Après tout, la période des questions en Chambre, c'est la période des *questions*... pas celle des *réponses*!»

En conséquence, ce bouquin s'avère une très mauvaise nouvelle pour les *gérants d'estrade* qui ne cessent de mépriser nos politiciens, en privé ou publiquement. Ces gérants seront effectivement très déçus de découvrir que plusieurs de nos élus ont un sens de l'humour absolument remarquable.

Les politiciens, on les voudrait parfaits, mais c'est impossible. Comme vous et moi, ils sont des humains avec des limites. Qui parmi nous, par exemple, n'a pas un jour ou l'autre été moins bon? À l'exception bien sûr des *gérants d'estrade,* qui n'a pas un jour fait un lapsus, oublié le nom d'une personne à présenter, eu des sautes d'humeur, échappé une expression vulgaire sous le coup de la colère, subi un trou de mémoire, émis des idées plus confuses que claires ou encore mal prononcé un mot? Dans ce livre, nous verrons quelques exemples de ces situations embarrassantes, dont on regrette par la suite d'en avoir été malheureusement l'auteur, mais dont on finit par en rire aussi avec le temps.

En général, chaque ministre ou député, durant sa carrière, aura la chance de servir des ripostes brillantes et, en contrepartie, sera à l'occasion victime d'attaques intelligentes d'opposants. En termes familiers et clairs, c'est un milieu où parfois vous *plantez* solidement l'adversaire et où parfois c'est au tour de l'adversaire de vous *planter* royalement. C'est une des règles du combat politique et du choc des idées. Dans ce milieu, une *compétence transversale* est vraiment souhaitable : le sens de la répartie.

Relativisons les choses cependant quant au contenu de ce bouquin : chaque anecdote présentée n'est après tout qu'une goutte d'eau dans l'océan de la carrière de tout politicien. Ainsi, alors que les *gérants d'estrade* – vous les verrez se dévoiler eux-mêmes – vont perdre une énergie folle à vouloir utiliser ces anecdotes pour porter un jugement lapidaire, facile et global sur le travail, ou pire, sur la personnalité de certains politiciens, sans tenir compte avec honnêteté du contexte, les gérants auraient dû comprendre que ce projet ne vise qu'à déposer dans vos mains la preuve irréfutable que plusieurs de nos élus ont des talents humoristiques exceptionnels et, surtout, qu'il serait vraiment dommage de ne pas les applaudir lorsqu'on dévoile leurs talents. Le *Festival Juste pour rire* n'a qu'à bien se tenir !

J'ai fait le choix de rendre indépendantes les unes des autres les 123 anecdotes, c'est-à-dire que pour chacune, je donne le nom du parti auquel appartient le protagoniste de l'anecdote et je précise s'il est au pouvoir ou dans l'opposition. Le but: donner chaque fois l'information complète au cas où on voudrait, par exemple, citer une ou plusieurs anecdotes dans des médias, comme à la radio ou dans un journal. De surcroît, puisqu'un livre a une très longue vie, il fallait également penser aux lecteurs du futur qui n'auront pas connu ces parlementaires qui nous sont si familiers aujourd'hui. Vous souvenez-vous, par exemple, du nom du député provincial de votre comté en 1983 ?

Alors, quand nos petits-enfants seront adultes, ils ne sauront absolument pas *qui faisait quoi*, de quel parti politique était membre tel député ni s'il était au pouvoir ou dans l'opposition. Les détails fournis leur seront alors très utiles pour situer chaque fois le contexte de toute anecdote.

En terminant, rigueur oblige, je précise que les citations sont des extraits tirés des procès-verbaux des périodes des questions de l'Assemblée nationale, publiés par l'Éditeur officiel du Québec sous le titre *Le journal des débats.* J'ai lu à rebours chacune des périodes des questions en commençant le jeudi 22 février 2001. Considérant avoir rassemblé suffisamment de matière, j'ai mis un terme à la recherche au journal daté du 4 avril 1989.

Je vous souhaite de prendre, à la lecture de ces savoureuses anecdotes, un plaisir égal à celui que j'ai pris en les colligeant. Peut-être, après coup, ne verrez-vous plus la politique - et nos chers élus ! – du même œil ?

Un pléonasme

Le député de l'opposition péquiste, M. Jacques Léonard, représentant le comté de Labelle, interroge le ministre libéral des Finances, M. André Bourbeau. Dans l'introduction d'une question, le député fait un mauvais choix de mot en s'exprimant ainsi : « M. le Président, au-delà des paroles *verbales*... » Arrêtant là sa phrase, hésitant quelques instants, répétant à haute voix le mot « verbeuses », mot suggéré à voix basse par un collègue, le député se reprend et complète finalement sa question en utilisant cette fois le bon mot : « M. le Président, au-delà de ces paroles *verbeuses*... »

Avant de répondre à la question du député Léonard, le ministre Bourbeau fait ce constat : « M. le Président, en parlant de paroles *verbales*, le député de Labelle fait des... *pléonards* ! »

La minute philo

Le dossier des permis donnant le droit de tenir un casino dans les foires agricoles a engendré un vif débat et des échanges musclés entre le député de l'opposition péquiste, M. Jacques Baril, et le ministre libéral de l'Agriculture, M. Yvon Picotte. Pour qualifier le comportement du député à son égard, le ministre émet ce commentaire désapprobateur: « M. le Président, l'éducation, c'est comme la boisson: il y en a qui ne portent pas ça. »

Je veux de la substance

Le député de l'opposition péquiste, M. Jacques Brassard, questionne le premier ministre libéral, M. Robert Bourassa, au sujet de la position de son gouvernement relativement à *la clause de la société distincte*, un concept discuté lors des négociations constitutionnelles. Pas très satisfait des réponses, le député exprime son étonnement: « M. le Président, comment le premier ministre peut-il enligner des phrases aussi creuses que celles qu'il a proférées tantôt? »

M. Bourassa se lève alors et rassure de façon non équivoque le député : « M. le Président, le député de Lac-Saint-Jean dit : "Comment le premier ministre peut-il enligner des phrases aussi creuses aussi souvent?" Je lui réponds qu'il oublie que je débats presque chaque jour avec lui ! »

Cinq questions, cinq réponses

Mme Louise Harel, une députée de l'opposition péquiste, formule en une seule intervention cinq questions de suite sur l'avenir d'un centre hospitalier de Montréal.

Interpellé, le président du Conseil du trésor, M. Daniel Johnson, répond à la vitesse de l'éclair et avec une très grande précision : « La députée a posé cinq questions, M. le Président, et les réponses sont : oui, oui, oui, non, et oui ! »

Fable inédite de Jean de La Fontaine: Le paon et le serpent

Le ministre libéral des Affaires inter-gouvernementales canadiennes, M. Gil Rémillard, n'apprécie pas tellement le qualificatif du leader de l'opposition péquiste, M. Guy Chevrette, lors d'un échange au sujet de négociations cons-titutionnelles. Le leader trouve que le ministre ferait le *paon* dans ce dossier.

Le ministre répond: « M. le Président, le leader de l'opposition parle de paon. Je devrais lui dire, M. le Président, que lorsque le paon fait la roue et qu'il montre son beau plumage, c'est pour impressionner. C'est pour mieux subju-guer ses proies, M. le Président. » Et le ministre conclut par cet avertissement visant directement le député: « M. le Président, je voudrais bien que le leader de l'opposition se le tienne pour dit: les paons adorent *les serpents*! »

Un accouchement difficile

Le député de l'opposition péquiste, M. Yves Blais, interroge le ministre libéral du Tourisme, M. Georges Farrah, à propos du Manoir Richelieu qui a été vendu par le gouvernement à l'homme d'affaires M. Raymond Malenfant.

Mais le député rate l'introduction de sa question: «M. le Président, sachant, tout le monde en cette Chambre, que le *Manoir Malenfant* a été vendu... le Manoir Richelieu a été vendu à M. Malenfant...» Faisant une pause en raison du rire dans l'Assemblée, le député commente lui-même son erreur sur le nom de l'hôtel: «Je m'excuse, ma question a été "mal enfantée", M. le Président!»

À fond de train

Dans le dossier de l'abandon de lignes de chemin de fer au Québec, le député de l'opposition péquiste, M. Jean Garon, estime que le gouvernement négocie mal et trop lentement avec le fédéral. Alors, il pose cette question au ministre libéral des Transports, M. Sam L.

Elkas: «Dans la perspective de maîtriser l'avenir plutôt que de gérer le passé, qu'est-ce que veut faire le ministre, M. le Président?»

La réponse du ministre sera très brève. Il profite de la question posée pour faire le bilan du précédent gouvernement péquiste: «La réponse est bien simple: tout ce qu'ils n'ont pas fait!»

Le professeur donne une correction

Complètement en désaccord avec les commentaires du député de l'opposition péquiste, M. Jacques Baril, au sujet de l'aide du fédéral aux agriculteurs, le ministre libéral de l'Agriculture, M. Yvon Picotte, s'exprime ainsi: «Élève Baril, si on était dans l'ancien temps, vous recevriez un coup de règle sur le bout des doigts!»

Le mouvement surréaliste

Des échanges vigoureux ont lieu entre le député de l'opposition péquiste, M. Jacques Brassard, et le premier ministre libéral, M. Robert Bourassa. La stratégie politique du député est de tenter de démontrer que le premier ministre ne défend pas avec assez de rigueur les droits du Québec lors des négociations avec le gouvernement fédéral à propos du projet d'entente sur la formation de la main-d'œuvre.

Pour calmer les ardeurs du député, M. Bourassa commente ainsi l'attitude de son opposant: «À chaque nouvelle période de questions, le député de Lac-Saint-Jean arrive avec un nouveau terme: *capitulation... battre en retraite... reddition...*»

La réplique du député sera alors incisive: «M. le Président, le premier ministre convient-il que les termes que j'utilise sont directement inspirés par son comportement?»

En toute équité, il faut cependant mentionner que les commentaires préalables du premier ministre, qui ont engendré cette réplique vive du député, étaient enrobés d'une finesse et d'une subtilité tout aussi savoureuses et mordantes: «Alors je demande au député de Lac-Saint-Jean d'être *réaliste.*

Je le sais, que son auteur préféré – il l'a déjà dit – Blaise Cendrars, est un grand écrivain *surréaliste*... mais je lui demande d'être *réaliste* et de travailler aux intérêts du Québec. »

Un conseil en attire un autre

Au sujet de négociations constitu-tionnelles avec le gouvernement fédé-ral, le député de l'opposition péquiste, M. Jacques Brassard, a des reproches à adresser au premier ministre libéral, M. Robert Bourassa, sur son attitude : « M. le Président, le premier ministre pourrait-il admettre que les Québécois aimeraient beaucoup qu'il *hausse un peu le ton* aussi ? »

En réplique, le premier ministre lance ceci : « Je suis prêt à tenir compte des conseils du député de Lac-Saint-Jean pour ce qui a trait au ton... Mais je peux dire que mon style, jusqu'à maintenant, m'a permis de siéger plus souvent de ce côté-ci que de l'autre côté ! »

Le knock-out

Pour poursuivre dans la même veine, c'est-à-dire au sujet du style de gestion du premier ministre libéral, M. Robert Bourassa, le chef de l'opposition péquiste, M. Jacques Parizeau, critique très sévèrement son opposant:

> Croit-il intelligent qu'au moment où l'activité économique ralentit nettement [en décembre 1989], où il est clair qu'il ne se créera au Québec, cette année, que 14 % de tous les emplois qui seront apparus au Canada [...] Croit-il intelligent de procéder pour les quatre mois qui viennent à des compressions de dépenses importantes dans les domaines aussi cruciaux que la formation professionnelle, le développement d'entreprises ou les politiques agricoles?

Le premier ministre ne partage pas du tout le point de vue du chef de l'opposition et il défend avec ardeur, dans sa réplique, sa vision ainsi que les méthodes de gestion de son gouvernement. Cette vision est, à son avis, appuyée par l'électorat: «Pour répondre d'une façon plus pertinente, si je puis dire, à la question elle-même, le chef de l'opposition devrait savoir que depuis cinq ans nous avons été élus à deux reprises pour appliquer une politique de gestion raisonnable et rigoureuse, et éviter de surcharger les générations à venir… » Et le premier ministre, à son tour, profite de l'occasion pour faire le bilan de la précédente administration péquiste : « Je sais que c'est une politique que n'a pas suivie le chef de l'opposition. Je ne suis pas ici pour lui faire des reproches à cet égard… *la population s'en est chargée en 1985 et en 1989* ! » Il faut savoir que M. Bourassa a remporté ces 2 élections, en plus de celles de 1970 et de 1973.

Invité à conclure par le Président, M. Bourassa tente de mettre complètement knock-out son adversaire en résumant ainsi son bilan personnel en politique : « Mais ce que je veux lui dire, M. le Président, c'est vrai qu'en 1976 j'ai été défait, mais il reste quand même que si nous regardons l'ensemble de la performance… *je vous ai donné quatre bonnes raclées sur cinq* ! »

Le ton variable

Questionnée par le député de l'opposition péquiste, M. Christian Claveau, la ministre libérale de l'Énergie et des Ressources, Mme Lise Bacon, donne sa réponse au sujet du processus d'évaluation des projets de cogénération.

Non satisfait des explications, le député revient à la charge avec une question complémentaire mais en émettant d'abord ce commentaire : « Vous me donnerez le droit de répéter à Mme la ministre que le ton de mes propos est fonction de la *qualité* des réponses... et je crois que je vais devoir **lever le ton**, M. le Président ! »

Science politique 101

Le chef de l'opposition péquiste, M. Jacques Parizeau, cuisine le premier ministre libéral, M. Robert Bourassa, pour tenter de connaître sa stratégie dans les négociations constitutionnelles entourant le désormais célèbre *accord du lac Meech*. Durant leurs échanges, le chef de l'opposition tente d'ébranler la toute-puissance de son adversaire en émettant ce commentaire : « M. le Président, on a l'habitude de dire que le pouvoir, c'est le renseignement. Le premier ministre aujourd'hui... *n'a guère de pouvoir*. La plupart de ceux qui comprennent ce qui se produit à l'heure actuelle se rendent compte que l'accord du lac Meech n'a guère d'avenir...»

Glissée en douce, la riposte du premier ministre au chef de l'opposition aura l'effet d'un coup de massue : « M. le Président, un mot peut-être sur la conception du pouvoir du chef de l'opposition. Je lui citerai à nouveau une phrase du premier ministre italien qui disait que le pouvoir *use d'abord ceux qui ne l'exercent pas.*»

Un ministre philosophe

Le député de l'opposition péquiste, M. Jacques Baril, piaffe d'impatience au sujet de la situation de l'industrie de la production du bœuf et il pose cette question au ministre libéral de l'Agriculture, M. Michel Pagé : « Ça fait plusieurs fois qu'il *annonce* en cette Chambre et qu'il *annonce* en dehors de la Chambre qu'il *va annoncer* bientôt un programme qui va aider les producteurs de bovins. Comment peut-on le croire aujourd'hui ? »

En réponse à ce sujet, le ministre finit par faire ces aveux au député : « C'est vrai que ça a été long. C'est vrai qu'on a dû y apporter des modifications. Je vous dis ceci, parole de ministre de l'Agriculture : ça a pris du temps… mais la patience est un art dont les racines sont amères, mais les fruits délectables. Ça s'en vient ! »

Les fleurs et le pot

Venant d'être interrogé par le chef de l'opposition péquiste, M. Guy Chevrette [en mai 1989], le premier ministre libéral, M. Robert Bourassa, adresse ces compliments visant à neutraliser habilement les ardeurs de son opposant : « M. le Président, je voudrais d'abord signaler le courage du député de me poser une question sur le budget du ministre des Finances quand l'ensemble des commentateurs et des analystes ont accueilli ce budget… avec des éloges presque unanimes ! »

Ayant reçu ce bouquet de fleurs au parfum très subtil, le chef de l'opposition retourne aussitôt le pot au premier ministre : « M. le Président, je voudrais remercier le premier ministre de constater que j'ai du courage, mais la plus grande dose de courage qu'il me faut, c'est de lui poser une question, sachant d'ores et déjà que je n'aurai jamais de réponse. »

La recherche est en développement

Le premier ministre libéral, M. Robert Bourassa, et le chef de l'opposition péquiste, M. Jacques Parizeau, viennent de terminer des échanges sur la récession économique et sur les pertes d'emplois [au début de la décennie de 1990]. Dans une de ses répliques, le premier ministre mentionne, entre autres, que « sur le plan de la recherche, par exemple, on disait que la dépense intérieure de recherche et de développement du Québec dépasse, pour la première fois, le seuil de 1,5 % du PIB. Alors, c'est des résultats concrets. »

Mais une fois le débat terminé, le Président donne la parole au député de l'opposition péquiste, M. Jean Garon, qui, avant de formuler sa question sur un autre sujet, laisse aller ce commentaire relativement à la situation économique plutôt morose, et surtout pour faire un lien avec la déclaration de M. Bourassa concernant le domaine de la recherche et du développement : « M. le Président, il est vrai que la recherche augmente au Québec... puisqu'il y a au moins un million de personnes qui cherchent des jobs ! »

Variations sur le thème de la Semaine sainte

Le projet d'une entente sur l'accord du lac Meech, entre les provinces et le fédéral, inquiète grandement le député de l'opposition péquiste, M. Jacques Brassard. Entre autres, il déplore le silence du premier ministre libéral, M. Robert Bourassa, au sujet d'amendements proposés par le premier ministre du Nouveau-Brunswick, M. Frank McKenna. « Même Jean Chrétien, adversaire farouche de l'accord du lac Meech, trouve que c'est un pas dans la bonne direction et le Parlement fédéral s'apprête, à l'initiative du premier ministre Mulroney, à en entreprendre l'étude », déplore le député Brassard.

Dénonçant la tournée de M. McKenna au Québec pour proposer l'idée qu'on laisse au gouvernement fédéral le pouvoir de promouvoir dans toutes les provinces la dualité linguistique, le député s'exprime ainsi : « Pendant ce temps, le premier ministre du Québec, chef du gouvernement, se transforme en une espèce de Ponce Pilate plus ou moins poltron… »

Immédiatement, le leader du gouvernement, M. Michel Pagé, bondit : « M. le Président, pourriez-vous demander à l'honorable député du comté de Lac-Saint-Jean d'être plus calme, plus serein et d'utiliser des propos plus modérés en cette Chambre ? » Et de rappeler M. Pagé, « à quelques jours de la Semaine sainte par surcroît ».

Le leader de l'opposition, M. Guy Chevrette, ne partage absolument pas le point de vue de son adversaire et il ironise de la façon suivante : « M. le Président, il me semble que Pilate fait partie du vocabulaire de la Semaine sainte ! » Et le leader met sérieusement en garde le gouvernement : « On n'a pas parlé de Barrabas encore ! »

Le métro de Laval

Le projet de la prolongation du métro de Montréal jusqu'à Laval ne date pas d'hier. Dans sa question au ministre libéral délégué aux Transports, M. Robert Middlemiss, le député de Lévis, M. Jean Garon, affirme ceci le 29 avril 1993 : « Lors de la campagne électorale de 1989, le premier ministre libéral a promis le prolongement du métro de Laval. Après l'élection, le gouvernement a cessé de parler du métro de Laval. »

Après quelques échanges avec le ministre, et estimant probablement que les réponses ne sont pas assez précises, le député Garon s'exclame : « Est-ce que le dossier du prolongement du métro vers Laval est toujours traité au ministère des Transports ou est-ce qu'il est rendu à la section électorale du bureau du premier ministre ? »

Un premier ministre compatissant

Le député de l'opposition péquiste, M. Jacques Brassard, fustige régulièrement le premier ministre libéral,

M. Robert Bourassa, au sujet des négociations en matière constitutionnelle. Pour exprimer son complet désarroi au sujet des réponses du premier ministre, le député proclame ceci le 4 juin 1992 : « Est-ce que le premier ministre sait que mes électeurs me trouvent héroïque et d'une patience angélique de débattre quotidiennement avec lui ? »

La contre-attaque du premier ministre est immédiate : « Le député devrait écouter mes réponses s'il veut poser des questions sensées. Je lui ai exactement dit ça, il y a quelques secondes. Il y a quelques secondes, j'ai répondu à sa question *sur ce que j'avais dit le 3 mars*. Et il reprend encore la même question… Je comprends la patience angélique de ses électeurs ! »

Les bons conseils du ministre

Le député de l'opposition péquiste, M. Jacques Baril, et le ministre libéral de l'Agriculture, M. Yvon Picotte, ont des échanges au sujet de la hausse du prix du pain. Mais dans une de ses réponses, le ministre a des recommandations à faire à son critique de l'opposition : « Mais je trouve curieuse un peu l'attitude du député d'Arthabaska alors que, la semaine passée, il faisait une charge à fond de train contre les consommateurs sur l'augmentation du prix du lait, aujourd'hui il est prêt à les défendre [les consommateurs]. Est-ce qu'il y a deux poids, deux mesures ? Est-ce qu'il veut parler des deux côtés de la bouche en même temps pour ménager cette semaine ceux qu'il a crucifiés la semaine passée ? C'est dangereux de parler des deux côtés de la bouche en même temps… On finit par se cracher dans le dos ! »

Larguez les amarres !

Le député de l'opposition péquiste, M. Pierre Bélanger, s'inquiète de la fermeture possible du bureau de l'aide juridique des Îles-de-la-Madeleine. Il pose cette question au ministre libéral de la Justice, M. Gil Rémillard : « M. le Président, j'aimerais demander au ministre de la Justice : comment peut-il expliquer la fermeture du bureau des Îles-de-la-Madeleine ? Puisqu'on parlait de transport, d'accessibilité, tout à l'heure, si on ferme le bureau d'aide juridique des Îles-de-la-Madeleine, comment les citoyens vont-ils se rendre au bureau d'aide juridique? En chaloupe?»

De l'art d'être pertinent

Le député de l'opposition péquiste, M. Yves Blais, demande au ministre libéral du Tourisme, M. Georges Farrah, de déposer un rapport concernant la vente du manoir Richelieu. Il précise faire cette demande «encore une fois, et pour la quatrième fois en trois jours».

Dans sa réponse, le ministre ne répond pas directement à la demande du député et fait cette diversion: «Je me serais attendu aujourd'hui, M. le Président, à ce que le député de Masson me félicite pour ma collaboration, d'une part, dans ce dossier-là.» Puis, le ministre se met à parler des investissements que son gouvernement va faire dans l'industrie du tourisme au Québec.

À bout de patience, le député de Masson commente l'égarement du ministre dans ses propos et son manque de pertinence ainsi: «Ma grande-tante est en

santé… et j'en suis content ! MAIS ÇA N'A
RIEN À VOIR AVEC LE DOSSIER ! »

Meilleure chance la
prochaine fois !

À la fin d'une période des questions,
le leader de l'opposition péquiste, M.
Guy Chevrette, demande une permission spéciale avant de commencer la
période des votes reportés : « M. le Président, avant le vote reporté, je voudrais
demander le consentement du leader
du gouvernement pour vous souhaiter
bonne fête dimanche prochain. »

Le Président a dû beaucoup décevoir
le leader de l'opposition en lui révélant
ceci, sur un ton humoristique : « C'était
dimanche passé ! »

Par monts et par vaux

Le député péquiste de Lévis, M. Jean
Garon, a de grandes inquiétudes au sujet d'un ponceau de l'autoroute 15, dans
la région de Montréal. Il mentionne au
ministre libéral des Transports, M. Sam
L. Elkas : « Dans le domaine de la qualité
totale, je peux vous dire que le ponceau

est tenu par des montants de bois, et c'est quelque chose à voir! Ils sont tout croches, ils sont tout penchés. »

Le député veut savoir quand le ministre entend résoudre ce problème et, soulignant les lenteurs du ministère de M. Elkas, parle d'un « ministère des dinosaures où, quand on pèse sur la queue, ça prend des mois avant que la tête tourne! »

Le ministre confirme au député qu'il va s'informer à qui de droit au sujet de ce cas très particulier. Mais, politique oblige, le ministre ne rate pas l'occasion de passer son message sur la qualité de l'ensemble des travaux effectués sous l'ancien gouvernement péquiste : « Mais je vais ajouter, en terminant, que le député de Lévis me fait grandement plaisir. Je vois qu'il se promène au moins autour de Montréal pour voir ce qu'il nous a laissé! »

Coup pour coup

Le chef de l'opposition péquiste, M. Jacques Parizeau, reproche au premier ministre libéral, M. Robert Bourassa, de ne pas fournir de statistiques claires au sujet de l'emploi au Québec et il lui donne ce conseil très amical : « Le premier ministre serait peut-être mieux de faire faire ses calculs avant d'entrer en Chambre, plutôt que comme ça sur le bord de la table. »

Pour sa défense, le premier ministre mentionne ceci : « Le chef de l'opposition est conscient de la tradition qui existe. Je m'attendais à des questions possibles sur les statistiques, mais je dois préparer des réponses sur les différents sujets que peut évoquer le chef de l'opposition. » En concluant, le premier ministre rend subtilement la monnaie de sa pièce à son opposant : « On arrive *toujours* à répondre aux questions du chef de l'opposition… Ce n'est pas la partie *la plus exigeante de mes fonctions* ! »

Le lève-tôt

Le député de l'opposition péquiste, M. Jacques Léonard, n'aime pas la façon dont le président du Conseil du trésor, M. Daniel Johnson, s'occupe du redressement des finances publiques et l'accuse d'avoir recours à de vieilles méthodes pour préparer ses crédits.

«Les éditorialistes ne s'y sont pas laissés prendre», clame le député de Labelle.

Avant de répondre aux accusations féroces du député, M. Johnson émet ce commentaire: «M. le Président, j'ai vu, comme certains d'entre nous, le député de Labelle à une émission d'actualité, très tôt ce matin.» Et sur un ton humoristique, dans le but de critiquer le discours public du député, il révèle une opinion que vient de lui transmettre un de ses collègues: «On me souffle qu'il aurait été mieux de rester au lit!»

Un ministre dans la force de l'âge

Le député de l'opposition péquiste, M. Jacques Baril, met en doute le pouvoir du ministre libéral de l'Agriculture, M. Yvon Picotte, dans ses négociations avec Hydro-Québec pour obtenir des tarifs préférentiels pour les serriculteurs: «Par les réponses du ministre, est-ce que ça confirme que le ministre est *impuissant* à convaincre sa collègue et Hydro-Québec […] Est-ce que le ministre nous démontre son *impuissance* aujourd'hui face à sa collègue et à Hydro-Québec?»

Devant autant d'insistance et de doutes soulevés par le député, le ministre, qui est dans la force de l'âge, fait ce commentaire dans l'introduction de sa réponse : « Je ne vois pas pourquoi le député d'Arthabaska m'attribue le mot *impuissance* à ce moment-ci de ma carrière, M. le Président ! »

Dossier *Nids-de-poule*

Considérant que le gouvernement libéral fait preuve d'un grand laxisme en matière d'entretien du réseau routier, le député de l'opposition péquiste, M. Jean Garon, hurle ceci au ministre des Transports, M. Robert Middlemiss : « Serait-ce trop demander, M. le Président, au ministre des Transports de laisser au ministre de l'Agriculture la responsabilité des nids-de-poule et à lui, de fermer et boucher ceux qui sont à la grandeur du Québec, sur nos routes ? »

Une main de fer dans un gant de velours

Le 3 septembre 1992, on parle beaucoup de négociations constitutionnelles.

Un très long débat a lieu sur la clause de la *société distincte* et le chef de l'opposition péquiste, M. Jacques Parizeau, bombarde de questions le premier ministre libéral, M. Robert Bourassa, sur mille et un aspect des clauses de l'entente constitutionnelle intervenue à Charlottetown, dont il demande le dépôt en Chambre.

Le sujet des négociations constitutionnelles soulève immanquablement les plus vives passions. Dans une de ses réponses, le premier ministre demande à l'opposition de se calmer et se demande : « Pourquoi des cris de scandale et des insultes à mon endroit ? » Pince-sans-rire, M. Bourassa mentionne : « Le débat référendaire s'annonce assez pointilleux, M. le Président, je ne blâme pas le chef de l'opposition, je veux dire, la période des questions a pour but de permettre à l'opposition… *de justifier son existence* ! »

Un délai de livraison ?

Le député de l'opposition péquiste, M. Jean-Pierre Jolivet, pose plusieurs questions au ministre libéral des Forêts, M. Albert Côté, à propos de son plan stratégique pour consolider le développement de l'industrie forestière. Mentionnant que dans son propre comté une compagnie a manifesté son intérêt de participer au plan et de créer des emplois, le député veut savoir finalement ce que «le ministre attend pour répondre».

Révélant que des discussions ont eu lieu avec cette compagnie, ainsi qu'une rencontre toute récente, le ministre conclut: «Il y a eu une contre-proposition qui est *partie hier*. J'attends la réponse de la compagnie en question.»

Jugeant probablement que ce dossier connaît beaucoup trop de lenteur, un député péquiste veut en savoir davantage sur la lettre qui est «partie hier» et crie au ministre: «Par Purolator ou à pied?» Et le ministre de lui répliquer sèchement: «À pied!»

À l'affût de chaque mot

Dans une réponse donnée au député péquiste, M. Guy Chevrette, la ministre libérale de l'Énergie et des Ressources, Mme Lise Bacon, affirme ceci : « Je crois que, lors de la commission parlementaire de mars ou avril [on est alors en décembre], le député de Joliette pourra questionner **le** ministre de l'Énergie et des Ressources et, à ce moment-là, poser toutes les questions nécessaires aussi à Hydro-Québec. »

Intrigué par la réponse, le député pose alors cette question : « M. le Président, dois-je comprendre que **la** ministre de l'Énergie changera de sexe en avril, puisqu'elle dit "**le** ministre de l'Énergie", ou bien ça laisse présager, je suppose, une grande décision ? »

Dur d'oreille

Le ministre libéral du Tourisme, M. Georges Farrah, répond à une question du député péquiste du comté de Masson, M. Yves Blais, et, en introduction, il porte ce jugement : « M. le Président, le député de Masson ne comprend rien ! »

Immédiatement, le député Blais soulève une question de règlement auprès du Président: « M. le Président, chaque député doit se respecter dans cette Chambre, c'est le règlement. » Et il prend bien soin d'affirmer à tous ses collègues de la Chambre cet engagement très solennel envers son opposant: « Je ne dirai jamais qu'il ne comprend pas… MÊME SI JE LE PENSE! »

La confiance règne

Le député de l'opposition péquiste, M. Michel Bourdon, signale au ministre libéral du Travail, M. Normand Cherry, que les travailleurs de la construction « sont tannés d'attendre » et qu'« ils demandent au gouvernement de donner suite au rapport Picard-Sexton […] qui porte sur la stabilisation de l'emploi et du revenu dans cette industrie. »

Malgré l'occupation de son bureau par des travailleurs, le ministre confirme ceci au député: « Ils m'ont également, au désarroi, je pense, de mon collègue, confirmé qu'ils avaient confiance au ministre du Travail. » En concluant ce débat, le député pose cette question: « M. le Président, le ministre estime-t-il que c'est parce qu'ils ont *confiance* en lui que les travailleurs de la construction ferment des routes et occupent son bureau?»

Quelques semaines plus tard, le député revient à la charge dans ce dossier avec les commentaires suivants: «Il y a deux semaines, le ministre du Travail déclarait dans cette Chambre que les travailleurs de la construction qui occupaient son bureau lui faisaient *confiance*. Depuis ce matin, les syndiqués de la construction ont envahi les bureaux de 13 ministres.» Et le député de conclure: «La *confiance* se répand, M. le Président!»

Un humoriste en herbe

Le député de l'opposition péquiste, M. Jacques Brassard, interroge le premier ministre libéral, M. Robert Bourassa, au sujet d'une conférence constitutionnelle. Le député s'exprime ainsi:

M. le Président, comme l'aurait dit le général de Gaulle, dans le dossier constitutionnel, ça grenouille, ça grouille et ça scribouille [...] Ça grenouille ferme à Ottawa, ça grouille dans l'Ouest et ça scribouille d'une mare à l'autre. Ça inspirerait d'ailleurs sans doute le groupe Rock et Belles Oreilles qui est parmi nous aujourd'hui [un groupe d'humoristes très populaire à l'époque et en visite au parlement].

Et le député, sous le regard attentif des visiteurs vedettes, pose cette question au premier ministre : « Est-ce que celui-ci a confirmé sa présence à la conférence constitutionnelle des premiers ministres dont seule la date reste à déterminer ? »

Et M. Bourassa de laisser tomber ce commentaire : « M. le Président, je comprends que le député veut montrer ses *talents d'humoriste...* au cas où la malchance le frapperait à la prochaine élection ! »

Cent fois sur le métier...

Un peu exaspéré que le député de l'opposition péquiste de Jonquière, M. Francis Dufour, lui pose toujours la même question sur une ponction dans les revenus des municipalités, le ministre des Affaires municipales, M. Yvon Picotte, émet ce commentaire à la fin de sa longue réponse : « Et c'est la quatrième fois que je répète la même chose au député de Jonquière. » Et il finit par tourner en dérision l'attitude de son opposant : « Je lui demande de me poser la *même* question demain… et il aura la *même* réponse. »

Une leçon de français

Le chef de l'opposition péquiste, M. Jacques Parizeau, considère que le premier ministre libéral, M. Robert Bourassa, aurait dû indexer certains revenus pour des catégories de citoyens, comme les prestataires de l'aide sociale et les aînés recevant une pension. Il juge maintenant que ces revenus sont inférieurs au taux de l'inflation. Et il utilise cette expression : « Puisque le premier ministre a décidé de *clencher* les Québécois… »

Le premier ministre fait alors cette remarque à M. Parizeau : « M. le Président, le gouvernement a l'intention d'être équitable vis-à-vis l'ensemble des contribuables.» Et il en profite pour exprimer son étonnement sur le langage du chef de l'opposition: «Et je ne comprends pas l'expression "clencher" de sa part... surtout à son retour de Paris!»

Produire de la productivité

Le chef de l'opposition péquiste, M. Jacques Parizeau, reproche au président du Conseil du trésor, M. Daniel Johnson, le choix de ses stratégies pour obtenir une augmentation de la productivité dans le secteur public. Mais le préambule du chef de l'opposition s'éternise au point où le leader du gouvernement, M. Pierre Paradis, intervient pour rappeler que le règlement commande un *bref* préambule quand on pose une question.

Le président du Conseil du trésor en profite également pour ajouter ceci: «La question se pose également de savoir si c'est de la productivité de prendre cinq minutes pour poser une question....»

Un ministre charitable

Dans un échange avec le député péquiste, M. Yves Blais, le ministre libéral du Tourisme, M. André Vallerand, fait cette suggestion : « Peut-être, M. le Président, que le critique de l'opposition en matière de tourisme aurait pu me poser des questions sur l'erre d'aller de l'activité touristique au Québec, cette année, par exemple. »

Outré, le député Blais intervient pour défendre ses droits : « Selon le règlement, M. le Président, c'est l'opposition qui choisit ses questions. Ce n'est pas aux ministériels de nous dire quoi poser ! »

Et le ministre de rétorquer : « Il est tellement à court de questions, M. le Président, que j'essayais tout simplement de l'aider. »

Pas sur la liste

Le député de l'opposition péquiste de Sainte-Marie-Saint-Jacques, M. André Boulerice, demande au ministre libéral des Affaires internationales, M. John

Ciaccia, si la nomination du nouveau délégué général du Québec à Paris sera retardée comme celle de Rome l'a été. Il tente également de savoir si le nom du député libéral de Rosemont est sur la liste des candidats potentiels.

Pour conclure ce débat, le ministre répond ceci au député : « M. le Président, sans nommer les gens qui sont à l'étude, je peux assurer que le nom du député de Sainte-Marie-Saint-Jacques n'est pas sur la liste. »

Une reddition de comptes

La députée de l'opposition péquiste, Mme Carmen Juneau, adresse cette question au ministre libéral des Transports, M. Robert Middlemiss : « Est-ce que le ministre délégué aux Transports pourrait déposer en cette Chambre le coût de son voyage en hélicoptère, jeudi dernier, à Saint-Valérien, dans mon comté, pour annoncer aux gens que leur nom serait annoncé en grosses lettres sur la 20 ? »

Mais le leader adjoint du gouvernement libéral, M. Daniel Johnson, intervient auprès du Président pour s'objecter : « Ça ne m'apparaît pas être une question d'intérêt public au sens où on l'entend en période de questions et je ne comprends pas comment ça pouvait être une question complémentaire. »

L'intervention du leader adjoint fait bondir le leader de l'opposition péquiste, M. Guy Chevrette : « M. le Président, la question de fond, dans le fond, c'est de savoir si le voyage a coûté plus cher que le panneau ! »

Quand le plafond nous tombe sur la tête !

Le 14 juin 1994, alors que le premier ministre du gouvernement libéral, M. Daniel Johnson, est à répondre à une question, voici que, soudainement, des morceaux du plafond de l'Assemblée nationale tombent sur le parquet. À 10 h 23 minutes exactement, le Président annonce alors : « Nous allons suspendre les travaux quelques instants. »

À la reprise des travaux, à 10 h 50, le premier ministre commente brièvement l'incident : « En nous réjouissant qu'aucun de nos collègues n'ait été, évidemment, blessé par ce bris d'une section du plafond de l'Assemblée nationale. »

Et il poursuit un exposé sur les nombreux emplois qui ont été créés par son gouvernement. Il mentionne, entre autres, cet exemple : « Qu'il s'agisse, comme je l'ai fait hier dans le comté de Trois-Rivières, de souligner un investissement additionnel de la firme Schlumberger : plus d'une centaine d'emplois, 150 emplois ou à peu près sont maintenus, consolidés ou nouvellement créés ; 150 emplois dans une région du Québec qui en a besoin. »

Et, en conclusion, le premier ministre se permet cette pointe d'humour mordant : « Ça, M. le Président, 150 emplois, c'est plus que le nombre de partisans qui ont accueilli le chef de l'opposition à Gatineau [M. Jacques Parizeau], mais c'est moindre que le nombre de chaises vides qu'il y avait dans la même salle ! »

Faisant référence à l'incident survenu plus tôt, le chef de l'opposition commente ainsi les propos sarcastiques du premier ministre : « On vient de le constater, M. le Président, il y a certaines énormités qui font tomber les plâtres ! »

Un défi de taille

Le député de l'opposition péquiste, M. Jacques Baril, lance ce défi au ministre libéral de l'Agriculture, M. Yvon Picotte : « Est-ce que le ministre de l'Agriculture est prêt à prendre *tout son poids*, toute son… malgré qu'il ait maigri… est-ce que le ministre de l'Agriculture est prêt à utiliser *tout le poids* qui lui reste pour convaincre sa collègue de l'Énergie de convaincre le gouvernement d'accorder un taux préférentiel [pour l'électricité] aux serriculteurs du Québec ? »

Visiblement pas très heureux qu'on fasse allusion à son aspect physique, le ministre réplique : « M. le Président, au lieu de se servir de notre poids, on ferait peut-être mieux de se servir de temps en temps de notre intelligence ! »

Du tac au tac

Le député de l'opposition péquiste, M. François Gendron, interroge ainsi le ministre libéral de l'Éducation, M. Michel Pagé : « Comment allez-vous faire, M. le ministre, pour prétendre que vous voulez résoudre sérieusement et efficacement le problème des abandons scolaires sans l'ajout d'argent neuf, argent que vous-même, vous vous êtes engagé publiquement, au moins à trois reprises, à obtenir ? Je cite : "Pagé promet de l'argent neuf". Où est cet argent pour le décrochage scolaire ? »

Présentant des chiffres démontrant que le budget alloué à l'éducation des adultes avait plus que doublé depuis que les libéraux étaient au pouvoir, le ministre conclut en faisant allusion à la performance de l'ex-gouvernement péquiste : « Ça veut dire quoi, concrètement ? Ça veut dire que nous sommes à scolariser, au moment où on se parle, avec ces crédits augmentés encore cette année, celles et ceux qui ont décroché à votre époque, MONSIEUR ! »

Un document confidentiel

Dans le projet de la privatisation du parc du Mont-Sainte-Anne, à la fin du gouvernement libéral de M. Daniel Johnson [en juin 1994], le député de l'opposition péquiste, M. Gérard R. Morin, représentant le comté de Dubuc, dépose en Chambre un document hautement confidentiel qui aurait été présenté au Conseil des ministres.

Outré, le ministre libéral des Finances, M. André Bourbeau, exprime son désarroi : « M. le Président, si j'étais le député, je ne me réjouirais pas en public de faire étalage du fait que l'opposition officielle réussit, par des moyens que j'ignore, à *soudoyer* littéralement des fonctionnaires… » Inutile de dire que le mot *soudoyer* déclenche une guerre de procédures entre le leader de l'opposition, M. Guy Chevrette, et le leader du gouvernement, M. Pierre Paradis.

Le leader du gouvernement tente de justifier auprès du Président pourquoi le ministre a utilisé le mot *soudoyer* : « M. le Président, le député de Dubuc a clairement indiqué lui-même qu'il s'agissait de documents confidentiels qu'il a obtenus. Que le ministre des Finances le déplore sur le plan de l'administration publique, c'est son devoir de le faire en cette Chambre. »

À cette opinion, le leader de l'opposition, M. Guy Chevrette, lance cette réplique mordante : « M. le Président, pour bien répondre à ce que le leader du gouvernement vient de dire : dans une fin de régime, on ne se les procure pas…*ils nous sont fournis*! »

La question piégeante

Toujours au sujet du dossier du parc du Mont-Sainte-Anne, M. Morin, le député péquiste de Dubuc, revient à la charge, car il reste insatisfait des réponses données par le ministre libéral, M. André Bourbeau. Il pose alors cette question : « M. le Président, considérant que, tout ce que le ministre vient de nous dire, on le savait déjà, est-ce qu'il s'engage à rendre public ce qu'on ne sait pas ? »

La dictée Parizeau

Le député libéral de l'opposition, M. Yvon Charbonneau, exprime son désaccord sur la création de commissions régionales, par le gouvernement du Parti québécois, afin d'amener la population à discuter de la souveraineté du Québec en prévision du référendum qui aura lieu en 1995 : « Ce qui m'a frappé le plus dans cette démarche soi-disant astucieuse, M. le Président, c'est que le Parti québécois a décidé non pas de soumettre son option à la population, mais de soumettre la population à son option […] Nous avions déjà connu, M. le Président, la dictée Pivot; nous avons maintenant la dictée Parizeau ! »

Les *patentes* du chef de l'ADQ

Le jeune chef de l'Action démocratique du Québec [ADQ] et député de Rivière-du-Loup, M. Mario Dumont, pose des questions au premier ministre péquiste, M. Lucien Bouchard. Dans son préambule, le chef de l'ADQ dénonce le projet qu'a le gouvernement d'organiser des états généraux sur la langue française et de relancer dans l'opinion publique le débat sur la question nationale du Québec. M. Dumont qualifie ces deux projets de « patentes ».

Invité à répondre, le premier ministre se lève et commente ironiquement l'attitude de son opposant : « M. le Président, je continue de penser que le chef de l'ADQ, qui est quelqu'un ayant une grande maturité politique, fera une *longue carrière*. Mais, en l'écoutant parler de la langue et des états généraux comme d'une *patente*, je constate que cette *longue carrière* sera totalement dans l'opposition ! »

Échanges de politesses

Lorsqu'un député de l'opposition termine une question destinée à un ou à une ministre, le Président de l'Assemblée demande alors au ministre de répondre à la question. Le ministre n'a pas à saluer de façon spéciale le Président.

Interpellée par le Président, la ministre péquiste déléguée à la Famille et à l'Enfance, Mme Nicole Léger, se lève pour répondre à la question d'un député libéral, M. Russell Copeman. Mais, probablement distraite, au lieu de commencer sa réponse, elle dit ceci au Président : « Oui. *Bonjour*, M. le Président. » Inutile de dire que ce fait cocasse engendre le fou rire général dans l'Assemblée.

Et le Président de lui répondre: «Alors, je vous retourne mes salutations amicales, Mme la ministre.» Et Mme Léger de relancer: «J'espère qu'on n'a rien contre la politesse en cette Chambre, M. le Président.» Et le Président de conclure: «Du tout! Pas en ce qui me concerne.»

Une expression colorée

Dans le préambule d'une question qu'il adresse au ministre péquiste des Transports, M. Guy Chevrette, le député de l'opposition libérale, M. François Ouimet, reproche à M. Chevrette de ne pas avoir été sérieux, lors d'une récente commission parlementaire, en réfutant des allégations de l'opposition en utilisant cette expression: «C'est de chercher des bébites puis des puces avec des gants de boxe dans le nombril d'un éléphant!»

Proposition honnête

Selon les règles de l'Assemblée nationale, lorsqu'un député de l'opposition pose une question à un ministre, ce dernier doit évidemment répondre, mais ne doit pas, à son tour, poser de question au député de l'opposition.

Le député libéral de l'opposition, M. Gérald Tremblay, interroge la ministre péquiste de l'Emploi, Mme Louise Harel, sur la compétitivité des entreprises. Invitée à répondre par le Président, la ministre se met à formuler une longue réponse, mais chaque phrase est en réalité une question qu'elle adresse au député d'Outremont.

Alerte, le leader de l'opposition, M. Pierre Paradis, s'interpose : « Oui, M. le Président, si elle veut se joindre à l'opposition pour poser des questions, elle n'a qu'à traverser la Chambre, nous l'accueillerons, M. le Président ! »

Le bulletin du ministre de l'Éducation

Le ministre péquiste de l'Éducation, M. François Legault, est à préparer le projet de loi relatif à la réforme des programmes du primaire et du secondaire. Le député de l'opposition libérale, M. Yvon Marcoux, député de Vaudreuil, manifeste sa vive opposition dans ce dossier.

Dans ce projet, on pense, entre autres, modifier complètement le genre de bulletin à remettre aux élèves. On évalue l'idée d'un nouveau bulletin dit « descriptif », utilisant désormais des lettres [A, B, C, D, etc.], qui remplacerait le bulletin traditionnel, avec des chiffres ou des pourcentages.

Pour rassurer le député de Vaudreuil qui s'inquiète de ce changement, le ministre lui sert cette réplique :

On a un collègue qui est ici, M. Michel David [journaliste], notre ami à tous du *Soleil*, qui prépare, à la fin de chaque session, un bulletin qui est un peu dans le sens de la réforme. C'est-à-dire un bulletin descriptif *avec des lettres*, et voici ce qu'il disait, Michel David, du *Soleil*, à propos du député de Vaudreuil : « À titre d'ancien président de l'Association des directeurs d'hôpitaux, Yvon Marcoux connaît bien le dossier de la santé, mais ce n'est pas avec des questions sur les bases de financement des hôpitaux qu'il va déstabiliser Pauline Marois [Ministre de la Santé]. **Un C pour M. Marcoux**. »

Et, pour ne pas être en reste avec mon autre critique, voici ce que Michel David disait du député de Westmount-Saint-Louis [un comté libéral] : « Au lendemain de l'élection, Jacques Chagnon ne voulait rien savoir du mode de scrutin proportionnel. Maintenant qu'on lui a expliqué où se situait l'intérêt électoral du PLQ, il est pour. Pas très convaincant. **Un C pour M. Chagnon**. »

Et le ministre Legault de conclure : « M. le Président, c'est ça un bulletin descriptif. C'est clair, mais parfois c'est un peu dur ! »

La quincaillerie municipale

Le projet de loi sur la fusion des municipalités dans plusieurs régions du Québec, dont Montréal, Québec, les villes du Saguenay et celles de l'Outaouais, soulève les plus vives passions non seulement dans la population, mais évidemment chez nos députés de tous les partis politiques.

Le député libéral Russel Copeman va tenter de piéger la ministre d'État aux Affaires municipales, Mme Louise Harel. Et M. Copeman mentionne, dans le préambule de sa question, que la ville de Montréal-Ouest venait de célébrer avec grande fierté, à peine trois ans passés, son centième anniversaire d'existence. Le député relate que, à l'occasion des célébrations, la ville avait reçu de très nombreux témoignages, dont une lettre particulièrement émouvante. Et il cite alors un extrait de cette lettre :

Il y a un siècle, en quête d'autonomie, les pionniers détachaient une partie du territoire de Notre-Dame-de-Grâce-Ouest pour fonder Montréal-Ouest. Au fil des ans, soucieux de préserver votre patrimoine, vous avez œuvré à développer harmonieusement cet espace urbain. Vous pouvez être fiers de ce que vous avez accompli collectivement. Je souhaite que cet important anniversaire soit, pour la population de Montréal-Ouest, l'occasion d'exprimer son profond sentiment d'appartenance à sa communauté.

Prenant bien soin de préciser que l'auteur de cette lettre n'est nul autre que le promoteur des fusions, c'est-à-dire le premier ministre M. Lucien Bouchard, le député Copeman pose cette question : « M. le Président, est-ce que le premier ministre est toujours d'accord avec ces propos très élogieux qu'il a lui-même transmis il y a trois ans aux citoyens et citoyennes de la ville de Montréal-Ouest maintenant menacée de disparaître avec son projet de fusions municipales forcées ? »

Pour mettre un terme aux envolées lyriques et nostalgiques du député Copeman, la ministre Harel se lève pour tourner en dérision les peurs du député : « Alors, M. le Président, les concitoyens de Montréal-Ouest ne sont nullement menacés de voir disparaître… leur voisinage… leurs lampadaires… leurs trottoirs… leurs parcs… et leurs piscines ! »

Trop d'encens
dans l'encensoir

Répondant à une question du député libéral Jacques Chagnon, le ministre péquiste de l'Éducation, M. François Legault, réitère que son gouvernement entend bien respecter les engagements pris lors du dernier *Sommet de la jeunesse* et il ajoute, au sujet de son nouveau patron, le premier ministre M. Bernard Landry [remplaçant M. Lucien Bouchard qui vient de quitter la vie politique] : « On peut être fier de ce que fait le Parti québécois et on va continuer de le faire avec le gouvernement de Bernard Landry. »

Le député Chagnon saisit la balle au bond pour qualifier l'attitude du ministre à l'égard de son chef : « Un petit coup de langue en passant, ça ne fait jamais de tort ! »

Accouche qu'on baptise !

Le député de l'opposition libérale, M. Benoit Laprise, s'adresse au ministre péquiste Gilles Baril au sujet de l'adoption internationale. Dans un long, un très long préambule, le député considère qu'il serait important de créer des mesures facilitant l'adoption d'enfants de pays étrangers.

Pour étoffer davantage ses propos, voici que le député en rajoute à son préambule en mentionnant des exemples de cas survenus dans son comté :

Dans mon comté, j'ai plusieurs couples qui ont eu accès à ce genre d'immigration, et c'est très heureux. Je crois qu'il y a un couple en particulier qui a été chercher deux enfants pour lesquels le ministre des Relations internationales du temps nous avait aidés à compléter la démarche, et ce couple-là... Après l'arrivée de ces deux enfants-là, la maman a donné naissance, dernièrement, une maman de 42 ans, à sa première fille après avoir adopté deux enfants.

Après avoir entendu le trop long préambule du député, le Président perd patience et il se lève pour dire : « Je crois que la maman en question recueille beaucoup de sympathie... mais maintenant c'est le temps de la question, M. le député. »

L'implacable loi du nombre

En novembre 2000, une élection fédérale vient d'avoir lieu au Canada.

Le chef de l'Action démocratique du Québec [ADQ] et député de Rivière-du-Loup, M. Mario Dumont, ne rate pas l'occasion de dire au premier ministre péquiste, M. Lucien Bouchard, que le Bloc québécois, ayant fait élire cette fois moins de députés, constitue finalement «l'échec de la stratégie du gouvernement péquiste et du premier ministre», ainsi qu'un affaiblissement du Québec. Et M. Dumont, qui est encore en novembre 2000 *le seul député* élu de son parti, pose cette question: «Est-ce qu'il a l'intention de mettre fin à la stratégie de l'isolement, qui a été celle de son gouvernement, et de recommencer à établir des relations avec nos partenaires des autres provinces?»

En réplique, le premier ministre se dit en complet désaccord avec le point de vue du chef de l'ADQ et affirme que les relations avec les autres provinces demeurent généralement bonnes. Il invite plutôt M. Dumont à faire des analyses politiques plus nuancées et à ne pas oublier non plus «l'intransigeance du gouvernement fédéral» à l'égard des provinces.

En finale, M. Bouchard sert cette réplique cinglante à M. Dumont: «Et, parlant de ce qu'il appelle la défaite du Bloc québécois, il devrait se rappeler que le Bloc québécois a 38 députés à Ottawa… C'est 37 de plus que le nombre de députés qu'il a lui-même!»

Soyez brève!

Le député libéral de l'opposition, M. Réal Gauvin, explique à la ministre péquiste de la Santé, Mme Pauline Marois, la situation dramatique vécue par la population d'un comté où un CLSC aurait fermé le service d'urgence de première ligne parce que trois médecins viennent de prendre leur retraite. Sa première question vise à demander à la ministre ce qu'elle entend faire pour corriger la situation.

Dans sa réponse, la ministre explique longuement comment, à l'échelle provinciale, elle est à apporter des solutions dans de tels cas et conclut que présentement «la Fédération des médecins omnipraticiens travaille d'une façon toute particulière à l'implantation des départements régionaux de médecine générale pour justement être capable d'offrir le service partout sur le territoire avec l'équipe médicale qui est en place dans chacune des régions du Québec » et elle prend bien soin de préciser que le plan inclut « *du dépannage, s'il y a lieu, M. le Président* ».

Le député Gauvin demande à nouveau la parole pour demander à la ministre si la région dont il parlait aura droit *au service de dépannage*.

Visiblement étonnée et croyant avoir été claire dans sa réponse, la ministre lance ce commentaire : « Je trouve ça assez fascinant, hein, parce qu'à chaque fois que l'un ou l'autre se lève de l'autre côté [les députés de l'opposition], j'ai toujours l'impression qu'on n'a absolument pas écouté les réponses que je donne. » S'excusant auprès du Président, la ministre annonce qu'elle va répéter au complet la première réponse donnée.

Aussitôt, le Président se lève pour mettre de l'ordre dans le débat et pour éviter qu'on perde le temps précieux et limité de la période des questions : « Alors, Mme la ministre, votre réponse devra nécessairement être *plus courte*, cette fois-ci, puisque vous êtes en réponse complémentaire. »

Voulant profiter de cette occasion offerte sur un plateau d'argent, la ministre se lève et décide effectivement d'obéir au Président pour répondre *brièvement* à la question du député Gauvin et voici sa réponse : « Oui. »

En mal de mots

Le député de l'opposition libérale, M. Roch Cholette, interpelle la ministre responsable d'Emploi-Québec et, dans son préambule, il qualifie la ministre « d'architecte du *bordel* d'Emploi-Québec ».

Le Président se lève pour commenter le mot utilisé et il adresse son message au leader du Parti libéral : « Je n'ai pas dit, M. le leader, qu'il s'agissait d'un terme non parlementaire, j'ai dit qu'il s'agissait d'un terme populaire et si on pouvait faire attention au vocabulaire que nous utilisons à l'Assemblée. » Et il redonne la parole au député Cholette.

Provoquant les applaudissements des collègues de son parti, le député Cholette conclut avec humour cet épisode : « M. le Président, il n'y a pas beaucoup de termes parlementaires pour décrire ce qui se passe à Emploi-Québec ! »

Les aventuriers du rapport inexistant

Le chef de l'opposition libérale, M. Jean Charest, demande au premier ministre péquiste, M. Lucien Bouchard, de rendre public un rapport réalisé par la Régie de l'assurance-maladie du Québec. M. Charest allègue que ce document prouverait qu'on est à court de solutions pour traiter les personnes atteintes de cancer.

Le premier ministre répond que la ministre de la Santé n'a pas ce rapport et ne pourra l'obtenir, car « la Régie lui a répondu qu'elle ne peut pas le faire, qu'elle est astreinte à une politique de protection des renseignements confidentiels ». Et M. Bouchard d'ajouter :

«Autrement dit, M. le Président, on demande au gouvernement de déposer un rapport qu'il n'a pas et qu'il ne peut avoir.»

M. Charest revient à la charge et demande ceci au premier ministre: «Peut-il nous donner une garantie aujourd'hui qu'aucun rapport ne sera détruit, que rien ne sera éliminé au ministère pendant que ces questions-là sont posées à l'Assemblée nationale?»

Outré, le premier ministre déclare: «C'est un procédé particulièrement mesquin et méprisable de la part de quiconque et a fortiori d'un chef de l'opposition de laisser entendre qu'un gouvernement pourrait détruire un document qu'il n'a pas, M. le Président!»

Le leader de l'opposition, M. Pierre Paradis, intervient: «Je sais que le premier ministre doit bien connaître les dispositions de l'article 29 de notre règlement et qu'il veut éviter à sa ministre de subir l'odieux d'un rapport qui demeurerait secret. Dans les circonstances, est-ce qu'il est prêt à s'engager à acquiescer à une motion qui ferait en sorte que l'Assemblée nationale puisse siéger à huis clos pour débattre de cette affaire?»

Excédé, le leader du gouvernement, M. Jacques Brassard, tire cette conclusion: «M. le Président, quand on écoute certains propos du chef de l'opposition, ce serait souhaitable que ce soit à huis clos effectivement! Comment peut-on siéger à huis clos sur un rapport que nous n'avons pas?»

L'exode des cerveaux du Bloc

Le chef de l'opposition libérale, M. Jean Charest, reproche au premier ministre péquiste, M. Lucien Bouchard, de maintenir un régime fiscal trop onéreux pour les contribuables du Québec par rapport à celui de l'Ontario: «Alors, j'aimerais demander au premier ministre pourquoi il continue avec des politiques qui, à toutes fins pratiques, invitent les jeunes à vouloir faire leur avenir ailleurs qu'au Québec?»

Pour étoffer ses propos, le chef de l'opposition utilise habilement

un exemple impliquant les *frères politiques* des députés séparatistes du Parti
québécois, c'est-à-dire les députés du
Bloc québécois à Ottawa, les ennemis
politiques des libéraux qui sont des
fédéralistes. S'adressant au ministre
des Finances, M. Bernard Landry, il
lance ceci: «Le ministre aurait intérêt
à parler à ses collègues du Bloc québécois à Ottawa, puisque les membres de
leur personnel – certains d'entre eux
– déménageaient en Ontario justement
pour payer moins d'impôts, M. le Président». Et M. Charest termine avec
ce commentaire acidulé: «Alors, il va
nous dire que ce n'est pas un exode de
cerveaux? Peut-être que, là-dessus, on
serait d'accord.»

M. Landry se lève immédiatement
et réplique du tac au tac en faisant ce
bilan: «C'est vrai, M. le Président que,
quand des Bloquistes quittent le Québec
pour aller en Ontario, la moyenne intellectuelle du Québec s'en trouve affectée par la négative. Mais la moyenne
ontarienne s'en trouve affectée par la
positive. Alors, il y a une consolation
là-dedans!»

Quand on rate complètement sa question

Le député de l'opposition libérale, M. David Whissel, adresse une question au ministre péquiste de l'Environnement, M. Paul Bégin. Le député déplore qu'on tolère encore l'importation de pneus usés ainsi que leur entreposage au Québec. Il accuse le ministre de ne pas tenir sa promesse faite six mois auparavant par laquelle il s'engageait à « interdire, selon le député, l'entrée de pneus usés sur le territoire du Québec ».

Probablement distrait, et c'est permis à tout humain, le député formule ainsi sa question : « Alors, est-ce que le ministre peut nous dire aujourd'hui quand il va vraiment agir pour que cette aberration *continue*? »

L'opposition libérale reçoit un bulletin clair

Le député de l'opposition libérale, M. Claude Béchard, est inquiet au sujet d'un nouveau genre de bulletin scolaire que préparerait le ministère de l'Éducation. À cette époque, il est fréquemment question de ne plus utiliser les notes, ou les pourcentages, pour évaluer les travaux des élèves.

Le député de l'opposition s'exprime ainsi :

> Je vais donner une deuxième chance au ministre de nous expliquer s'il comprend le bulletin. Est-ce qu'il peut nous dire, M. le Président, si c'est *simple, clair et précis*? Est-ce qu'il peut nous expliquer en quelques mots, et surtout aux parents des élèves de première année, ce que ça veut dire, quand ils vont recevoir le bulletin de leurs enfants qui a été transmis par son sous-ministre de l'Éducation à toutes les commissions scolaires, que *l'enfant prépare sa participation à la situation de communication en recourant à des stratégies pertinentes*? Qu'est-ce que ça veut dire? Est-ce que c'est simple?

Le ministre péquiste de l'Éducation, M. François Legault, mentionne que le bulletin dont parle le député serait plutôt un projet proposé par une école et non un projet de son ministère. Et

le ministre conclut sa réponse par cette
réplique incisive :

> Moi, le bulletin que je veux voir dans
> les écoles, c'est un bulletin simple,
> clair et précis, compréhensible par
> tous les parents. Je vais vous donner un
> exemple. Si on avait à faire le bulletin
> aujourd'hui de l'opposition officielle,
> comment se lirait ce bulletin-là ? On
> verrait : *capacité à mobiliser le milieu de
> l'éducation :* **échec**. *Capacité ou compétence
> à comprendre les vrais enjeux du Québec :*
> **échec**. *Capacité à jouer un rôle constructif
> à l'Assemblée nationale :* **échec** ! »

Un lapsus
du plus grand cru

La députée libérale de l'opposition,
Mme Monique Jérôme-Forget, pose
une question au premier ministre sur
l'avenir de la Bourse de Montréal. Pré-
cisant que le ministre des Finances vient
de s'opposer publiquement au plan
d'orientation préparé par la Bourse,
la députée pense que « le véritable stra-
tège du gouvernement depuis le début
n'était nul autre que l'ancien ministre
des Finances, Jacques Parizeau ». Et elle
ajoute que « M. Parizeau ne s'en est pas

caché, il s'en est vanté dans une entre-vue accordée à la *Gazette*». Rappelons que l'ex-ministre des Finances et l'ex-premier ministre, M. Parizeau, occupe une partie de sa retraite à exploiter un vignoble en France.

C'est en posant cette question que la députée commet malencontreuse-ment ce lapsus: «Est-ce que le premier ministre suit les conseils du prétendu ministre des Finances assis à sa gauche [M. Landry] ou plutôt celui du véri-table ministre des Finances qui soigne **ses vices** en France... ses vignes en France?» s'empresse-t-elle de corriger aussitôt.

Le ministre des Finances s'ennuie

Le règlement de l'Assemblée natio-nale permet à un député du parti au pouvoir, un député *ministériel,* de poser une question à un ministre. On ne se cachera pas cependant que, dans la majorité des cas, les questions des dé-putés ministériels ne visent surtout pas à embarrasser un collègue ministre, mais à plutôt permettre à ce dernier de parler publiquement d'un bon coup réalisé par son gouvernement et, c'est de bonne guerre, à faire paraître mal l'opposition. Dans le jargon parlementaire, ce type d'intervention stratégique s'appelle « poser une question plantée », minutieusement préparée et planifiée à l'ordre du jour des débats de l'Assemblée par le parti au pouvoir.

Le député péquiste du comté de Bertrand, M. Claude Cousineau, demande au ministre péquiste de l'Économie et des Finances, M. Bernard Landry, de faire le point sur les résultats des exportations du Québec qu'il juge excellents.

Avant de faire le point sur les exportations, le ministre ne rate surtout pas l'occasion de marquer des points en se moquant publiquement de l'opposition. Nos élus savent que la télédiffusion de la période des questions est une excellente tribune pour livrer des messages partisans aux électeurs. Dans son préambule, le ministre attaque ainsi l'opposition : « M. le Président, si je comptais sur l'opposition officielle pour me poser des questions économiques, j'aurais le destin ennuyeux d'un réparateur May-tag ! »

Avant de faire son bilan des exportations, le ministre en rajoute :

Heureusement que, de ce côté-ci de la Chambre [et grâce à la *question plantée* de son collègue député], nous nous préoccupons d'une chose aussi fondamentale pour nos concitoyens. Et je comprends, en un sens, pourquoi l'opposition officielle est obsédée par certaines difficultés de gestion et de départ que nous avons eues à Emploi-Québec, parce que ça ne pouvait pas leur arriver dans leur temps… *il n'y avait pas d'emplois !* Le taux de chômage était à 14 % !

Les deux chefs s'affrontent

Le chef de l'opposition libérale, M. Jean Charest, veut savoir pourquoi rien ne va plus dans le réseau de la santé et, d'autre part, pourquoi le premier ministre péquiste, M. Lucien Bouchard, ne baisse pas les impôts : « Ce gouvernement doit être le dernier à ne pas avoir réalisé qu'en réduisant les impôts on crée de l'emploi, des revenus

81

puis des services. » Tous se souviendront qu'à cette époque les infirmières revendiquent publiquement une importante hausse salariale et que le gouvernement de M. Bouchard a l'obsession de l'atteinte du *déficit zéro*.

Furieux et combatif, le premier ministre rétorque : « Alors je voudrais savoir du chef de l'opposition comment il résout cette contradiction fondamentale de nous dire de dire "oui" aux demandes que nous ne pouvons pas accepter, les demandes salariales des infirmières, puis, en même temps, de nous dire de réduire les impôts. Comment il ferait ça, lui ? »

Après plusieurs échanges vigoureux, le premier ministre ajoute :

Alors je vais répondre pour lui à la question que je lui ai posée, M. le Président. Je le sais comment est-ce qu'ils feraient [les libéraux]. On le lit, c'est écrit sur le front de tous les députés qui sont en face. Je le sais ce qu'ils feraient, puis nous le savons, ils l'ont prouvé dans le passé, ils feraient un déficit ! […] Ils feraient un déficit, puis ils se diraient : "Ce n'est pas grave, les péquistes vont revenir au pouvoir puis ils vont réparer tout ça !"

On l'attend toujours, cette question

M. David Whissel, un député de l'opposition libérale, veut proposer à la ministre péquiste de la Santé, Mme Pauline Marois, de financer une étude sur le recours à la chambre hyperbare pour le traitement de certaines maladies chez les enfants.

Mais le Président s'impatiente, car il estime que le député fait un trop long préambule. Il se lève et dit : « Je vous invite maintenant à poser votre question, le préambule est largement complété, là, M. le député. »

Le député Whissel se lève et répond au Président : « J'y arrive. » Mais il continue son long préambule et la question tarde encore à venir.

Le Président se lève et lance : « Bon, M. le député, votre question maintenant. »

Le député se relève… et continue son trop long préambule.

Le Président se relève aussitôt: «M. le député, s'il vous plaît! Votre question, M. le député d'Argenteuil.»

M. Whissel se lève et fait cette déclaration: «Alors, M. le Président, ma question *est claire.*» C'est aussitôt le fou rire général dans la Chambre.

Voici que M. Pierre Paradis, le leader de l'opposition, se lève: «M. le Président, simplement un rappel de l'article 32 [du règlement de la Chambre]. La question porte sur des enfants qui ont besoin de traitement. Si vous n'avez pas de respect pour l'Assemblée, lance-t-il à la députation gouvernementale, ayez au moins du respect pour les enfants qui ont besoin de traitement.»

Le leader du gouvernement péquiste, M. Jacques Brassard, n'allait pas laisser ce commentaire vinaigré sans réponse: «M. le Président, nous reconnaissons ici que c'est un problème grave et sérieux, mais, pour juger si la question est claire, *encore faut-il qu'il la pose!*»

Jeux de mots alcoolisés

Le député de l'opposition libérale de Mont-Royal, M. André Tranchemontagne, est outré d'apprendre que la Société des alcools du Québec [SAQ] aurait le projet de créer un nouveau type de succursale, appelé « SAQ Essentielle ». Précisons qu'avant son élection comme député du comté de Mont-Royal, M. Tranchemontagne avait occupé des fonctions administratives durant de nombreuses années à la Brasserie Molson.

Le député adresse cette question au ministre péquiste de l'Économie et des Finances, M. Bernard Landry :

Franchement, M. le Président, la *soif de profits* du président de la SAQ me surprend et je la trouve insatiable, *soif* qui va jusqu'à enlever une source de revenus importante à 154 petits commerçants établis en région, majoritairement des épiciers et des dépanneurs dont l'achalandage et les revenus dépendent en grande partie des ventes de boissons alcoolisées. Est-ce que le ministre des Finances est d'accord avec son président de la SAQ ?

Et le ministre Landry de répondre : « Vous avez remarqué, M. le Président, que le mot le plus sonore qui est sorti de la question du député, c'est le mot "soif", et c'est à son honneur, pour un gars qui a vendu de la bière pendant 30 ans ! »

Mais le Président ne se laisse pas distraire : « M. le vice-premier ministre [M. Landry], nous avons *soif* de vous entendre ! Sur la réponse. »

L'occasion était trop belle pour le ministre Landry : « J'espère, M. le Président, que vous *boirez* mes paroles ! »

Le Petit Chaperon rouge

La critique de l'opposition libérale dans le domaine de l'économie, Mme Monique Jérôme-Forget, reproche au ministre des Finances, M. Bernard Landry, de ne pas surveiller suffisamment les transactions d'affaires de la Caisse de dépôt. Citant un cas particulier, elle accuse la Caisse de ne penser qu'à ses propres intérêts, en ne se souciant pas assez des actionnaires des entreprises avec lesquelles elle fait des affaires.

Piqué au vif, le ministre affirme que la Caisse de dépôt doit au contraire rechercher le maximum de profits pour « que vous et moi, les retraités et futurs retraités, ayons des pensions plus généreuses » et qu'elle doit agir en appliquant les règles capitalistes, « suivant les mœurs d'affaires de notre continent ». « La Caisse, ajoute-t-il, doit se comporter comme la grande entreprise qu'elle est [...] Il y a beaucoup d'activités très dures dans la finance mondiale. La Caisse ne va pas se comporter en agneau alors qu'elle circule dans des forêts remplies de loups ! » Et un député provoque le rire général en criant : « Le Petit Chaperon rouge... »

La couleur bleue étant celle associée à l'image du Parti québécois, le ministre Landry se lève et réplique : « Si chaperon il y a, dans mon cas, il ne pourrait être *rouge* ! »

Les animaux ne parlent pas

Le chef de l'opposition libérale, M. Jean Charest, reproche au gouvernement péquiste de faire des dépenses inutiles et donne deux exemples : le projet d'un monument dédié au poète cubain José Marti et le projet d'un musée de 8 millions de dollars proposé par la Société des alcools.

Le ministre péquiste de l'Économie et des Finances, M. Bernard Landry, tente de répondre à la question, mais il est distrait par des cris de députés de l'opposition. Le Président se lève pour ramener le calme et donne la parole au ministre qui fait ce commentaire : « Les pauvres animaux s'expriment par des cris, M. le Président, parce que la nature ne leur a pas donné la parole ! »

Avaler sa « pilule »

Il y a de ces journées où on aurait souhaité être ailleurs. « L'erreur est humaine », dit-on parfois.

Le député de l'opposition libérale, M. Russell Copeman, pose une question au ministre péquiste des Transports, M. Guy Chevrette, sur la formation des conducteurs de véhicules lourds.

Dans sa réponse, le ministre déclare ceci : « M. le Président, il y a deux écoles de formation de routiers officielles : [une à] Charlesbourg et [une] dans la région de Saint-Jérôme. Mais je dois vous dire ceci : il y a beaucoup d'écoles privées qui *pilulent* au niveau de la formation des transports routiers. »

Dans l'Assemblée, quelques députés corrigent à haute voix le mot utilisé par le ministre : « Pullulent ».

Et le ministre d'insister : « Ça pilule ! »

Et d'autres députés de répéter au ministre : « Pullulent ! Pullulent ! »

Continuant sa réponse à la question du député Copeman, le ministre se lève et il contourne subtilement l'obstacle en disant, à propos du nombre d'écoles privées : « Il y en a à la tonne... »

Cachez ce macaron que je ne saurais voir

Une coalition a été formée pour la survie de l'hôpital de Jonquière. Le leader de l'opposition libérale, M. Pierre Paradis, demande au Président s'il peut déposer officiellement un document soumis par ce comité : « Au dépôt de documents, je sollicite le consentement pour, compte tenu des événements qui se produisent aujourd'hui à Jonquière, déposer une lettre de deux membres de la *Coalition pour la survie de l'hôpital de Jonquière...* » Le leader demande la permission de déposer, en plus de la lettre, un exemplaire du macaron véhiculant le slogan suivant : *La santé avant la souveraineté.*

Invité à répondre par le Président, le leader du gouvernement souverainiste, M. Jacques Brassard, donne son accord : « Il y a consentement pour la lettre. » Mais il s'empresse d'ajouter : « Le macaron, il le mettra dans sa poche ! »

Tout ça, c'est du théâtre !

Deux députés de l'opposition libérale, M. Roch Cholette et M. Thomas J. Mulchair, crient au scandale et questionnent le ministre péquiste, M. Bernard Landry, sur des renseignements gouvernementaux confidentiels qui auraient été, selon eux, transmis à des entreprises privées spécialisées en informatique.

Pour réfuter totalement les allégations de l'opposition, le ministre réplique ainsi : « M. le Président, puisqu'on a parlé de M. David [du journal *Le Soleil*] et qu'on l'a cité, tout le monde sait que M. David est un brillant journaliste, il a de l'avenir devant lui, il a aussi un passé : il fut chroniqueur de théâtre. Alors, je pense que c'est pour ça que c'est lui qui s'intéresse le plus à votre affaire... car c'est du théâtre ! »

Les *gratteux* de Loto-Québec

Mme Monique Jérôme-Forget, députée libérale de l'opposition, est révoltée d'apprendre que Loto-Québec aurait l'intention de vendre des jeux de loterie aux jeunes et elle cite le titre d'un article du journal *La Presse* : « Loto-Québec aura des *gratteux* sur cédérom pour rejoindre les jeunes. » Elle veut savoir « si le ministre responsable de l'autoroute électronique va demander le retrait de ce projet qui incite au jeu les jeunes ».

M. Jacques Brassard, le leader du gouvernement péquiste, se lève et explique pourquoi on ne pourra répondre à la question posée : «Alors, M. le Président, le ministre de l'Économie et des Finances est absent, comme vous le voyez, et est actuellement en train d'annoncer une très bonne nouvelle avec Bombardier, concernant Bombardier, et je prends en son nom avis de la question.» Et il ajoute ce commentaire : «Ça lui laissera toute la fin de semaine pour *gratter* le sujet.»

Être vite sur ses patins

Le député de l'opposition libérale, M. Jacques Dupuis, n'est pas du tout heureux de la réponse donnée par M. Serge Ménard, le ministre péquiste de la Sécurité publique, à la question qu'il avait posée sur l'utilisation du quartier de détention du palais de justice de Laval.

Le député Dupuis pose alors cette question au ministre : «Est-ce que le ministre, au-delà du patinage de fantaisie pour lequel je lui reconnais une compétence certaine, pourrait répondre à la question?»

Le ministre Ménard se lève et, avant de formuler sa réponse, il tient à préciser ceci : « Bon, je vous signalerais que mon sport préféré, c'est le ski ; ce n'est pas le patin, pour lequel je n'ai aucun talent. »

Monsieur le Principal

Mécontente de la réponse donnée par la ministre péquiste du Travail et de l'Emploi, la députée de l'opposition libérale, Mme Nicole Loiselle, revient à la charge en demandant ceci : « M. le Président, est-ce que la ministre peut répondre à ma question ? » Mais au lieu de se rasseoir, sa question étant posée, voici qu'elle se met à commenter l'attitude de la ministre. Aussitôt le Président se lève pour stopper les élans oratoires de la députée qui modifie alors sa stratégie : « J'irai en [question] principale, M. le Président, si vous me le permettez. » Poser une question principale donne le droit de développer un préambule.

Le Président donne alors son accord : « Si vous choisissez d'aller en *principale*, alors, allons-y. »

La députée Loiselle, probablement distraite par les échanges sur les questions de procédure, ne commence pas sa phrase par « M. le Président », mais utilise ces mots qui provoquent le fou rire général dans l'Assemblée : « Alors, M. le Principal… »

Un citeur sachant citer

Durant la période où le Parti québécois instaure sa réforme du système de santé, réforme aussi appelée le *virage ambulatoire*, le ministre péquiste, M. Jean Rochon, est constamment sous les feux de la rampe lors des périodes des questions.

Sûrement excédé par l'attitude de l'opposition libérale et jugeant qu'on exagère trop souvent relativement aux faits décrits dans les questions qu'on lui pose, le ministre de la Santé et des Services sociaux ajoute cette réflexion à la toute fin d'une de ses répliques : « Alors, c'est beau de dire "Mentez, mentez, il en restera toujours quelque chose." »

Puisqu'en vertu du règlement, aucun parlementaire ne peut accuser directement ou indirectement un autre parlementaire de mentir, le Président se lève : « M. le ministre de la Santé et des Services sociaux, je pense que vous êtes connu comme un gentilhomme, alors je vous demanderais simplement de retirer des propos qui n'étaient pas parlementaires. »

Aussitôt, le ministre se lève et tente cette sortie élégante : « M. le Président, j'ai simplement cité Voltaire, je pense. »

Mais le Président veille au grain : « Je comprends, mais, en citant Voltaire de la façon que vous l'avez fait, vous avez visé clairement un collègue de l'Assemblée. Je pense que, en ce cas-là, Voltaire ne s'appliquerait pas. »

Des propos intergalactiques

Ayant déjà posé une question au sujet de la fermeture de lits pour des personnes âgées dans une MRC du Québec, la députée de l'opposition libérale, Mme Nicole Loiselle, revient à la charge avec une question complémentaire. En introduction, la députée s'exprime ainsi : « M. le Président, ma question au ministre *interplanétaire...* » Mais elle est immédiatement interrompue par de vives réactions de députés. Voulant affirmer qu'elle est en total désaccord avec le portrait de la situation telle que présentée par le ministre, elle lance : « Mais non, mais non ! Mais, M. le Président, il vit sur une autre planète ! »

Le Président intervient aussitôt auprès de la députée : « Je pense que vous savez très bien que c'est le genre de commentaires qui mettent le feu aux poudres, et qui n'apportent rien, et qui, en plus, ne sont pas réglementaires. Alors, Mme la députée, de façon réglementaire. »

Ne pouvant se retenir, le ministre péquiste de la Santé, M. Jean Rochon, ajoute son grain de sel : « S'il y en a qui sont *interplanétaires*, regardez la façon dont ça revient de l'autre côté [l'opposition], ça ne vole même *pas au ras des pâquerettes* ! »

C'était prévisible, le Président se lève pour ramener le calme : « Je vous inviterais, d'un côté comme de l'autre, à ne pas *voler trop haut...* puis à rester *sur le terrain* réglementaire de l'Assemblée. »

Cours toujours, mon lapin!

Des rencontres ont lieu entre les représentants des régions du Québec et des membres du gouvernement péquiste. Dans un long échange à ce sujet entre un député de l'opposition libérale, M. Réal Gauvin, et le ministre péquiste des Régions, M. Jean-Pierre Jolivet, ce dernier explique pourquoi le député Gauvin ne peut participer au comité de la Table Québec-régions: «Il n'a pu assister à aucune de ces rencontres, puisque c'est le gouvernement et les régions qui y assistent.»

Tenace, le député Gauvin termine l'échange par cette question au ministre: «Il a remarqué mon absence à la Table Québec-régions. Est-ce que je vais être invité la prochaine fois? Avez-vous l'intention de corriger cette situation?»

Et le ministre de conclure ainsi: «M. le Président, il n'y a qu'une seule solution pour le député, c'est que son parti *prenne le pouvoir* et *croie aux région*s... ce qui n'est pas arrivé, malheureusement.»

Ça chauffe dans les cuisines

Une joute oratoire s'engage entre le chef de l'opposition libérale, M. Jean Charest, et le premier ministre péquiste, M. Lucien Bouchard.

Dans son intervention, le chef de l'opposition libérale reproche au chef du Parti québécois le manque de cohésion dans le camp péquiste. Donnant quelques exemples, il constate que, seulement dans les dix derniers jours, plusieurs leaders péquistes ont parlé publiquement de tenir trois référendums sur trois différents sujets; et en cas de souveraineté du Québec, on a parlé d'utiliser trois différentes monnaies; on a de plus multiplié les définitions de la nationalité québécoise.

Provoquant des rires de satisfaction chez les députés de son parti, le premier ministre se fait philosophe : « M. le Président, je peux comprendre, j'imagine admiratif, du chef de l'opposition officielle de voir un pareil bouillonnement d'idées au sein d'un parti. » Et M. Bouchard d'ajouter : « Surtout quand il regarde de son côté ce qui se passe en termes de créativité intellectuelle et de contribution au débat politique… c'est-à-dire le néant ! »

Après des applaudissements nourris, le premier ministre renchérit : « Alors que, comme nous l'avons annoncé, M. le Président, chez les souverainistes […] il y a des interrogations sur l'avenir, il y a des échanges d'idées très stimulantes, et certainement qu'au terme de ce débat nous aurons fait avancer notre société. »

En réplique, le chef de l'opposition exprime alors ce vœu : « Je lui souhaite de pouvoir mettre le couvercle sur la marmite une fois que le bouillonnement sera terminé, M. le Président. »

Mais il ne faut jamais provoquer ni sous-estimer son adversaire ! Le premier ministre conclut ainsi cet épisode :

M. le Président, le chef de l'opposition et chef du Parti libéral du Québec vient de nous donner un aperçu du réflexe naturel qui lui vient à l'esprit quand il assiste à une montée et une circulation d'idées : *c'est de mettre le couvercle sur la marmite* ! Il se trouve qu'au Parti québécois et dans le camp souverainiste, dans la marmite, il y a des choses qui bouillent, il y a des échanges, et puis ce n'est pas le chef qui empêche les gens d'échanger des idées, alors que, chez vous… c'est pris au fond !

Des propos littéraires

Le député de l'opposition libérale, M. Robert Benoit, veut savoir ce que le ministre péquiste de l'Environnement, M. Paul Bégin, pense d'un jugement de la Cour supérieure selon lequel le ministre « a réussi à éluder l'obligation de respecter les lois relatives à l'évaluation et à l'examen des impacts de son projet sur l'environnement ».

Pour étoffer ses propos, le député ajoute ceci : « Au dictionnaire, on dit : "Éluder : tromper". Et Molière disait : "Quelle belle ruse pour éluder ici les gens." »

Subito presto, le député péquiste de Sainte-Marie-Saint-Jacques, M. André Boulerice, tourne en dérision les propos du député Benoît en clamant : « Le Tartuffe qui cite Molière. »

Voulant mettre un terme à la rigolade, le Président intervient rapidement : « Je vais rappeler au député de Sainte-Marie-Saint-Jacques qu'on est pas au cours 101 de littérature française. »

En toute politesse, chère collègue

En ce 10 mars 1998, les élus sont de retour à l'Assemblée nationale pour le début des travaux d'une nouvelle session.

Critique de l'opposition libérale pour les dossiers relatifs à la métropole, Mme Liza Frulla adresse une question au ministre péquiste d'État à la Métropole, M. Robert Perreault, au sujet d'un projet de fusion de trois sociétés de transport de la région de Montréal.

Le ministre Perreault profite de cette première journée des retrouvailles parlementaires pour, bien entendu, saluer *amicalement* sa chère collègue de l'opposition... mais en n'oubliant pas non plus d'y incorporer un soupçon de vinaigre, car on est en politique ici après tout : « M. le Président, je suis heureux de souhaiter la bienvenue à la députée de Marguerite-Bourgeoys qui, dans la dernière session, avait plutôt l'esprit ailleurs, si j'ai bien compris. Je suis heureux de lui souhaiter la bienvenue... J'ai *enfin* une question. »

Parler d'impôts lui vaut un pot

Le chef de l'opposition libérale, M. Jean Charest, reproche au gouvernement péquiste de maintenir les impôts trop élevés : « M. le Président, ce que le gouvernement actuel devrait savoir et ce que les autres gouvernements en Amérique du Nord, eux, semblent savoir, c'est que, pour avoir de la croissance économique, pour générer des revenus, pour régler le problème à long terme, pour créer de l'emploi pour la population du Québec, il faut réduire les impôts, pas les augmenter. »

Et il termine son intervention avec cette question : « Alors, à quand le réveil dans le gouvernement du Parti québécois, M. le Président ? »

Le ministre des Finances, M. Bernard Landry, lance la riposte : « De la part de banquettes [l'opposition libérale] qui ont augmenté, en quatre ans, le fardeau fiscal des Québécois de 10 milliards de dollars, dont une fois de façon rétroactive, un précédent en Occident, c'est déjà choquant.[…] Ils sont tellement experts dans les déficits que, quand ils sont dans l'opposition, ils se pratiquent à en faire: ils ont 2 millions de dollars de déficit dans leur propre parti!»

L'opposition fournit même la réponse!

Dans le dossier de la réforme municipale, un député de l'opposition libérale, M. Jacques Dupuis, adresse cette question à la ministre péquiste Diane Lemieux: «En parlant d'équilibre, Mme la ministre, pourriez-vous nous dire quand, pour la dernière fois, il y a eu une grève des cols bleus à Ville Saint-Laurent? Et je vous suggère de commencer votre réponse par "jamais".»

Et la ministre de conclure cet échange par cette réponse laconique: «M. le Président, je ne vois pas du tout la pertinence de cette question.»

Les fantômes du passé

La députée libérale de l'opposition, Mme Fatima Houda-Pépin, a des reproches à faire au premier ministre péquiste, M. Lucien Bouchard: «M. le Président, la déclaration que le premier ministre vient de lire, en citant le chef de l'opposition [M. Daniel Johnson], démontre clairement que le chef de l'opposition, quand il était premier ministre, il *était cohérent*, alors que le premier ministre actuel, il a un discours de principes quand il est dans l'opposition et un discours vide quand il est au pouvoir...»

La députée venait d'ouvrir une porte que le premier ministre s'est empressé de franchir: «M. le Président, quand la députée exalte *les vertus de cohérence* du chef de l'opposition, ce n'est pas très rassurant! C'est un homme qui a fait des déficits toute sa vie; si jamais il revient au pouvoir, il va encore continuer de faire des déficits, M. le Président!»

La question du siècle!

Le député de l'opposition libérale, M. Yvon Vallières, formule une question plutôt étonnante au ministre responsable des régions, M. Guy Chevrette, au sujet du financement des centres locaux de développement [CLD].

Le député s'exprime ainsi: «Le livre blanc du ministre responsable des régions soulève questionnement et inquiétude dans les régions du Québec. Nombreuses sont les questions, rares sont les réponses écrites. Est-ce que le ministre des Affaires municipales veut maintenant répondre à la question *qui n'est pas posée encore?*»

L'avalanche de statistiques

Dans le préambule de sa question, le chef de l'opposition libérale, M. Daniel Johnson, énumère une série de statistiques pour démontrer que le taux de chômage à Montréal serait l'un des plus élevés des grandes villes d'Amérique. Le vice-premier ministre péquiste, M. Bernard Landry, répond pour réfuter les allégations du chef de l'opposition.

Toujours au sujet de Montréal, la députée libérale de Marguerite-Bourgeoys, Mme Liza Frulla, revient à la charge, après l'intervention de son chef. Après avoir présenté elle aussi des chiffres, elle pose la question suivante au ministre de la Métropole, M. Serge Ménard : « À quand le plan de relance qu'il a promis pour le printemps et qui, jusqu'à maintenant, n'a jamais été déposé ? »

Avant de se prononcer sur les allégations du chef de l'opposition et de la députée, le ministre de la Métropole fait cette réflexion : « C'est M. Parizeau, paraît-il, qui disait que les statistiques sont aux économistes ce que les lampadaires sont aux ivrognes […] qu'elles sont plus utiles pour s'appuyer… que pour éclairer, parce que des statistiques, on peut s'en envoyer par la tête continuellement. »

Troublante question

Questionné par le chef de l'Action démocratique et député de Rivière-du-Loup, M. Mario Dumont, le premier ministre péquiste, M. Lucien Bouchard, est totalement pris au dépourvu : « Je n'ai pas très, très bien compris la question. Ne la comprenant pas, je vais demander qu'on la répète.» Et ce commentaire engendre le rire dans l'Assemblée: «J'aurais l'air fou de répondre à une question que je n'ai pas comprise.»

Pour vous permettre de juger vous-même, voici la question posée par M. Dumont: «Est-ce que le premier ministre peut nous donner un exemple, un seul exemple d'une compagnie ou d'une entreprise qui a opéré des rationalisations sans prioriser l'essentiel de l'accessoire, en plus en harcelant son personnel sur la ligne de front sans arrêt, et qui n'a pas fait faillite?»

Pas trop de familiarité, s'il vous plaît!

Le leader de l'opposition libérale, M. Pierre Paradis, fait une intervention auprès du Président pour faire une mise au point à propos des députés qui utilisent des citations d'articles de journaux dans le préambule de leurs questions: «Simplement pour vous rappeler à ce moment-ci, M. le Président, qu'il y a une longue tradition en cette Chambre, que l'on peut citer des journalistes et des éditorialistes au texte. » Et il termine son intervention en parlant de son opposant, le leader du gouvernement péquiste et député de Joliette, M. Guy Chevrette : « Ça a souvent été fait par mon bon ami, le député de Joliette, entre autres. »

Dans sa réplique au leader de l'opposition, M. Chevrette formule ce souhait : « Comme je voudrais conserver quelques amis, est-ce qu'il pourrait arrêter de dire qu'il est le mien ? »

De gros mots en coulisse

Pendant que se déroule un vigoureux débat entre le chef de l'opposition libérale, M. Daniel Johnson, et le premier ministre péquiste, M. Jacques Parizeau, des échanges musclés semblent avoir lieu aussi entre d'autres députés, car le jeune chef de l'Action démocratique, M. Mario Dumont, se lève soudainement pour demander au Président la permission de soulever une question relative au règlement.

Insulté, il précise qu'il ignore malheureusement si les micros de l'Assemblée ont pu capter des propos tenus à son endroit, puis il affirme: «Je n'accepterai pas que, du côté de l'opposition officielle, on me traite de "petit-trou-de-cul"!»

La nature a horreur du vide

Le chef de l'opposition libérale, M. Daniel Johnson, accuse le premier ministre péquiste, M. Jacques Parizeau, de ne pas être clair et de changer parfois d'idée à propos du libellé de la question qu'il entend poser aux Québécois lors du prochain référendum sur la souveraineté du Québec.

Dans sa réponse, le premier ministre indique ceci au chef de l'opposition: «Moi, vous comprenez, j'essaie de comprendre ce que les Québécois veulent, puis de m'adapter à ça.» Et M. Parizeau profite de l'occasion pour attaquer à son tour l'attitude des libéraux sur l'avenir du Québec au sein du Canada: «Le chef de l'opposition officielle a ouvert, devant lui, un grand vide. Il ne sait pas d'où il vient, il ne sait pas où il veut aller, il ne sait pas comment le faire et il s'entoure des apôtres du vide infini!»

Accusé de vivre dans le vide et de ne voir que du vide, le chef de l'opposition se lève et, regardant l'ensemble des membres du gouvernement placés devant lui, il corrobore les propos du premier ministre : « Oui, M. le Président. Je vois, devant moi, un grand vide. Oui, je vois, devant moi, un grand vide ! »

Une goutte de vinaigre

Dans le dossier des fusions municipales, la députée de l'opposition libérale, Mme Margaret F. Delisle, rappelle au ministre des Affaires municipales, M. Rémy Trudel, une déclaration de sa part : « Chaque communauté municipale aura l'obligation de *réfléchir* et d'échanger avec ses voisins quant à son avenir. »

La députée pose, à ce propos, la question suivante : « Comment le ministre des Affaires municipales entend obliger chaque municipalité à *réfléchir* et à échanger avec ses voisins quant à son avenir ? »

Non satisfaite de la réponse, la députée revient à la charge : « M. le

Président, le ministre peut-il nous expliquer comment il propose obliger les municipalités à *réfléchir*? Et peut-il prendre l'engagement devant cette Assemblée que, les municipalités qui choisiront de *ne pas réfléchir* et de ne pas se concerter, il n'y aura aucune charge fiscale supplémentaire pour ces municipalités-là?»

Dans sa réponse, le ministre précise le sens de son projet: «M. le Président, ce que nous avons indiqué, c'est un mouvement de renforcement des communautés municipales. Bien sûr, nous allons demander à ces communautés de réfléchir, d'échanger et de dialoguer.» En conclusion, le ministre ne peut s'empêcher d'ajouter un peu de vinaigre dans la sauce servie à son opposante: «On ne peut pas forcer l'opposition *à réfléchir*… et *à penser* ce que ça peut donner comme résultat.»

La découverte du siècle

Le député libéral du comté de Bourassa, M. Yvon Charbonneau, est intrigué par un slogan utilisé par la ministre péquiste Louise Harel lors d'une visite à Gatineau dans le cadre d'une campagne de financement du Parti québécois. Ce slogan était: «Si près du but». Le député mentionne que «les journaux ont rapporté le lendemain que la ministre a rappelé aux militants: "Nous sommes en période supplémentaire depuis le 30 octobre, il faut maintenant se tenir prêt à mener l'assaut final".» Précisons que cette intervention du député a lieu quatre mois après le référendum sur la souveraineté du Québec, tenu le 30 octobre 1995.

La question du député à la ministre d'État de l'Emploi et de la Condition féminine est donc la suivante: «M. le Président, est-ce qu'on pourrait demander à la ministre de nous dire ce qu'elle vise par l'assaut final? Est-ce que c'est l'assaut final contre le chômage et la pauvreté? L'assaut final contre l'iniquité salariale, contre le déficit et la dette? L'assaut final contre nos difficultés économiques? Ou si c'est l'assaut final contre le régime fédéral canadien?»

Non satisfait de la réponse de la ministre, le député pose une question additionnelle en insistant cette fois sur un seul aspect : « Est-ce que la ministre ne pourrait pas reconnaître que, derrière les mots "l'assaut final", derrière les mots "Si près du but", elle vient de redire à la population que le premier objectif qui est le sien et celui de son gouvernement, c'est l'accès à la souveraineté du Québec et non pas la lutte au chômage ? »

La ministre du parti souverainiste au pouvoir se lève et commente ainsi les affirmations du député : « M. le Président, j'espère que le député de Bourassa n'a pas l'impression d'avoir fait une découverte majeure ! »

Une vérité sur la vérité

M. Thomas J. Mulcair, député de l'opposition libérale, a beaucoup de questions à poser sur l'accessibilité des services d'aide juridique dans le cadre du projet de réforme du ministre péquiste de la Justice, M. Paul Bégin.

Après avoir entendu les trois interventions du député, le ministre de la Justice est visiblement en total désaccord avec les affirmations énoncées dans les libellés des questions. Le ministre de la Justice met alors un terme au débat en lançant: « M. le Président, ce n'est pas parce qu'on répète trois fois une inexactitude que ça devient une vérité ! »

Le ministre n'était pas au rendez-vous

Inutile de rappeler qu'à l'époque de la mise en place de la réforme des services de santé, c'est-à-dire à l'époque du « virage ambulatoire », M. Jean Rochon, le ministre péquiste de la Santé, est continuellement sous le feu nourri de l'opposition libérale.

M. Pierre Marsan, député libéral de l'opposition, dénonce l'attitude du ministre lors d'une manifestation: « M. le Président, pendant que plus de 10 000 personnes manifestaient hier contre la fermeture de l'Hôpital du Christ-Roi, à Québec, le caucus des députés péquistes et le ministre lui-même brillaient par leur absence, trop occupés, semble-t-il… » Et le député termine son intervention par cette question: « Devant une telle réaction que provoque la décision du ministre au sein de la population quant aux fermetures d'hôpitaux, pourquoi le ministre de la Santé n'a-t-il pas eu le courage de venir rencontrer les 10 000 personnes présentes à Christ-Roi?»

Pince-sans-rire, le ministre, avant de commenter longuement cette fermeture, émet le commentaire suivant: «La réponse directe à la question, pourquoi je n'étais pas à Christ-Roi, c'est assez simple... Je n'avais pas été invité à aller à cette manifestation.»

L'opposition en demande beaucoup

À la toute fin de la période des questions, le leader du gouvernement péquiste, M. Guy Chevrette, demande au Président la permission de permettre au ministre de la Restructuration, M. Richard Le Hir, de corriger quelques détails donnés dans une précédente réponse. Il précise au Président que le leader adjoint de l'opposition, M. Roger Lefebvre, a été consulté à ce sujet et qu'il a donné son accord.

M. Lefebvre se lève pour corroborer les propos de M. Chevrette, mais il en profite pour lancer un commentaire acidulé au sujet du ministre : « Oui, M. le Président. Consentement, oui, et tout le temps qu'il faut si le ministre veut corriger *tout ce qu'il a dit depuis neuf mois* ! »

Une impatience du premier ministre

Le chef de l'opposition libérale, M. Daniel Johnson, et le premier ministre péquiste, M. Jacques Parizeau, ont des échanges sur l'utilisation du dollar canadien dans un Québec souverain.

Dans une de ses questions, le chef libéral mentionne ceci : « Comment s'imagine-t-il qu'il va faire une offre crédible au reste du Canada à l'égard de la politique monétaire s'il vient de nous dire ici, *de son siège*, qu'il ne s'attend absolument pas à ce que le Canada accepte ça ? »

M. Parizeau se lève et rétorque : « Je réitère que je parle de mon siège. Je n'ai pas le droit de parler d'un autre siège, M. le Président. C'est dans nos règlements que cette expression-là s'arrête. D'où voulez-vous que je parle ? En me mettant debout sur la table ou quoi ? »

Présence du premier ministre à MusiquePlus

Le chef de l'opposition libérale, M. Daniel Johnson, a quelques reproches à adresser au premier ministre Jacques Parizeau au sujet de la participation de ce dernier à une émission de la station de télévision *MusiquePlu*s. M. Johnson dénonce cette opération de marketing politique auprès de la clientèle des jeunes : « On a découvert depuis, dit M. Johnson, que ça avait été l'objet d'une préparation et d'un scénario assez bien arrangé… »

Le premier ministre ne partage évidemment pas le point de vue du chef de l'opposition libérale : « D'abord, je voudrais, au sujet de *MusiquePlus*, les remercier de m'avoir invité une deuxième fois. Ils m'avaient invité pendant la campagne électorale, puis je m'étais bien amusé. C'est bon comme tribune, c'est rafraîchissant, c'est très différent du genre de tribune d'affaires publiques qu'on a d'habitude. Si ça n'amuse pas, ce genre de choses, le chef de l'opposition, je le regrette. C'est peut-être qu'il n'a pas encore l'âge où on peut vraiment apprécier ces choses-là. »

Des inquiétudes préréférendaires

Quelques semaines avant le référendum sur la souveraineté du Québec du 30 octobre 1995, le député libéral – et fédéraliste – de Richmond, M. Yvon Vallières, est inquiet pour le monde agricole : « Pourquoi, avant le 30 octobre, le ministre refuse-t-il de donner les garanties demandées par les producteurs agricoles du Québec que la séparation du Québec ne viendra pas compromettre les avantages et la stabilité dont ils profitent déjà dans le contexte canadien ? »

La réplique du ministre péquiste de l'Agriculture, M. Marcel Landry, sera virulente : « Oui, M. le Président. Lorsque le député de Richmond demande des garanties, le fédéral nous en a annoncé deux garanties : c'est la fermeture de deux stations de recherche de La Pocatière et de L'Assomption au plus tard dans deux ans ! »

Une p'tite vite en passant

En cette journée du 7 mai 1996, le menu législatif est plutôt mince et, faute de contenu, le président passe rapidement d'une étape à l'autre. Après la minute de recueillement, à quatorze heures, il n'y a rien au sujet des affaires courantes. Un seul projet de loi est déposé et rapidement renvoyé pour étude à une commission parlementaire. Un seul document est déposé et une seule pétition est présentée. En conséquence, on arrive plus rapidement que d'habitude à la période des questions.

Alors, le Président annonce : « Nous arrivons donc à la période des questions et des réponses orales. M. le chef de l'opposition officielle, c'est *déjà* votre tour, si vous le voulez bien. »

Ainsi, le chef de l'opposition libérale, M. Daniel Johnson, se lève et profite de cette situation pour frotter quelque peu les oreilles du chef du gouvernement péquiste, M. Lucien Bouchard : « Ça passe vite ! Quand il *n'y a rien* sur le menu législatif, évidemment, ce n'est pas long. »

Un mot pour un autre

Dans un débat soulevé par l'opposition libérale sur la probité et l'intégrité des administrateurs publics, le premier ministre péquiste, M. Jacques Parizeau, trouve ridicule les allégations faites par l'opposition et qualifie l'exercice de « bouffonnerie ».

Le leader de l'opposition libérale, M. Pierre Paradis, bondit et intervient aussitôt : « Simplement par souci d'équité en cette Chambre, M. le Président, auriez-vous l'obligeance de demander au premier ministre, maintenant qu'on vous a souligné ce fait, de retirer le propos antiparlementaire qu'il a prononcé ? »

Il était prévisible que le leader du gouvernement, M. Guy Chevrette, allait intervenir aussi. Il précise que le premier ministre « a utilisé le mot "bouffonnerie" en parlant d'une conjoncture», et non en parlant des personnes concernées. «Il n'a pas dit que c'étaient des bouffons», de renchérir le leader.

Dans un élan d'humour, le premier ministre, M. Jacques Parizeau, conclut le débat : «M. le Président, je retire le mot "bouffonnerie" et j'insère à la place le mot "galéjade".»

Le Président s'impatiente

Le Président s'affaire à discuter avec le leader de l'opposition libérale et celui du gouvernement péquiste pour en venir à une décision sur des points de règlement portés à son attention. Pendant ce temps, de nombreux députés parlent et font du bruit.

Le Président arrête soudainement son exposé et lance ceci : «À l'ordre, s'il vous plaît ! Comment voulez-vous que le Président puisse se concentrer lorsque des questions de règlement sont soulevées si, finalement, il n'est même pas capable de s'écouter lui-même ?»

L'Assemblée buissonnière

Au début d'une période des questions, le leader de l'opposition libérale, M. Pierre Paradis, s'enquiert auprès du leader du gouvernement péquiste, M. Guy Chevrette, des noms de quatre ministres absents et des raisons de leur absence. Tel que demandé, le leader du gouvernement donne les détails à ce sujet.

Mais le leader de l'opposition s'interroge aussi sur l'absence d'un cinquième ministre, celui de l'Éducation, M. Jean Garon, et il formule sa question ainsi : « Oui, M. le Président. La semaine dernière, hier et encore aujourd'hui, on constate l'absence du ministre de l'Éducation. Est-ce qu'il a eu congé d'école pour tout le semestre ? »

Une cassette qui se répète

Le député de l'opposition libérale, M. Pierre Marsan, revient à la charge auprès du ministre péquiste de la Santé, M. Jean Rochon, au sujet de la fermeture d'hôpitaux :

M. le Président, est-ce que le ministre, qui répète toujours la même cassette avec insensibilité, réalise que les manifestations populaires qui ont lieu à tous les jours, à toutes les semaines, démontrent bien que les patients, les personnes âgées, la population veulent parler au ministre en commission parlementaire, lui-même, le seul et unique décideur, quant à la fermeture d'hôpitaux?

Dans son introduction, le ministre de la Santé émet ce commentaire: «Si on a la même cassette souvent, M. le Président, c'est peut-être que la question est pas mal la même tout le temps aussi!»

Une compagnie américaine virtuelle?

Dans le dossier de l'usine de transformation du poisson à Newport, en Gaspésie, le député de l'opposition libérale, M. Georges Farrah, reproche au ministre péquiste de l'Agriculture, des Pêcheries et de l'Alimentation, M. Guy Julien, de ne pas régler rapidement le dossier:

Compte tenu que le ministre vient d'avouer, en donnant l'heure juste,

123

qu'il est incapable de régler le dossier à la satisfaction des gens de Newport, comment peut-il être crédible, alors qu'il a négocié avec une compagnie – et il donnait de l'espoir aux gens en disant: «J'ai un acheteur pour vous» – alors que cette compagnie, 71 Fillets, ne possède aucun bâtiment aux États-Unis – une compagnie américaine – n'apparaît pas dans l'annuaire de téléphone et, en plus, ne détient aucune référence de crédit dans la principale institution bancaire du Massachusetts?

Et le député de conclure: «Est-ce que le ministre a négocié avec une boîte vocale?»

La leçon de géographie

À la fin d'une période des questions, le Président annonce que la ministre péquiste de la Culture et des Communications, Mme Louise Beaudoin, va répondre à une question posée par la députée libérale de Saint-François, Mme Monique Gagnon-Tremblay, au sujet d'un «journaliste de la station de télévision de Bagotville».

Avant de formuler sa réponse, la ministre s'adresse au Président pour corriger sa présentation : « M. le Président. Il ne s'agit pas de Bagotville, puisque ça s'appelle La Baie depuis déjà 20 ans. Il y a eu une fusion municipale. »

Mais le Président se lève pour rectifier à son tour les propos de la ministre : « En toute amitié, j'ai pris bonne note de votre leçon de géographie, sauf que je voulais vous signaler que c'est *dans votre lettre même* que l'on signait Bagotville. » Parions que la ministre a consacré quelques minutes à frotter les oreilles de certains membres de son personnel politique dont l'une des tâches est de préparer et d'expédier la volumineuse correspondance ministérielle.

Les jeux de mots du ministre de l'Éducation

Le député de l'opposition libérale, M. François Ouimet, demande au ministre péquiste de l'Éducation, M. Jean Garon, « de s'engager à décentraliser et à briser les contraintes des conventions collectives, afin que nos élèves, qui représentent notre avenir, ne subissent pas les contrecoups de coupures aveugles du ministre ».

Dans le préambule de sa réponse, le ministre s'interroge : « Pouvez-vous m'indiquer les coupures aveugles ? M. le Président, est-ce que le député peut m'indiquer les coupures aveugles ? Parce que, lui, il dit qu'il y a des coupures aveugles, *donc il les voit* ? »

Une prouesse subtile

Durant la période préréférendaire, à l'automne 1995, le premier ministre péquiste, M. Jacques Parizeau, et le chef de l'opposition libérale, M. Daniel Johnson, débattent du texte de l'offre de partenariat devant être soumis au Canada.

Le premier ministre manifeste sa grande impatience en commentant les allégations de l'opposition au sujet du droit de veto sur la citoyenneté canadienne. Mais il est également conscient, tout comme ses autres collègues de l'Assemblée, qu'il faut toujours faire attention aux mots ou expressions qu'on utilise en Chambre. Voici comment il choisit de crier son impatience : « Mais encore une fois, M. le Président, je sais que je ne peux pas dire dans cette Chambre, il paraît que ce n'est pas parlementaire, je ne peux pas parler de *conneries*... Mais la tentation est FORTE ! »

La culture personnelle : une arme redoutable

Le député de l'opposition libérale, M. Robert Benoit, tire à boulets rouges sur le vice-premier ministre péquiste, M. Bernard Landry, au sujet de l'endettement des Québécois :

M. le Président, la question que je pose au ministre : Réalise-t-il que le taux d'endettement... Et là, le député Benoit laisse sa question inachevée et poursuit ainsi : Et c'est sa responsabilité de créer la richesse collective au Québec. Le taux d'endettement n'a jamais été si élevé dans l'histoire du Québec depuis la Révolution tranquille. Jamais le taux d'épargne n'a été si bas. Jamais les municipalités n'ont été aussi endettées.

Mais le Président se lève pour interrompre le député afin de lui rappeler qu'il est interdit de faire un préambule quand on pose une question complémentaire. Et il cède la parole à M. Landry.

Pour étoffer sa réponse, le vice-premier ministre va exploiter le fait que son gouvernement péquiste vient de succéder au gouvernement libéral et que toute nouvelle administration doit entre autres composer avec l'héritage de ses prédécesseurs.

Dans sa réplique, le ministre ne fera qu'une bouchée de son adversaire :

M. le Président, en ce qui me concerne, vous auriez très bien pu laisser le député continuer ses sparages. Je crois que vous devez défendre le règlement, c'est bien sûr, mais plus il s'indignait, plus il décrivait dans des termes dramatiques le résultat de *leur gestion*. C'est vrai que les Québécois sont les gens les plus endettés du Canada par tête : 10 200 $ par homme, femme et petit enfant. C'est le résultat de *votre gestion* !

Et pour illustrer davantage son propos, le ministre conclut par cette histoire:

On demandait, une fois, dans des milieux d'extrême droite brutaux qui avaient conquis un musée en Espagne, à Picasso, en demandant le tableau *Guernica,* qui est quand même une toile très, très horrible et qui représente les bombardements faits par les forces fascistes durant la guerre d'Espagne, alors on dit à Picasso: « C'est vous qui avez fait ça? » Et il a répondu: « Non, c'est vous! »

Un retour d'ascenseur

Le député de l'opposition libérale, M. Régent L. Beaudet, interroge le ministre péquiste des Ressources naturelles, M. Guy Chevrette, à propos du principe de l'équité salariale qui ne serait pas totalement respecté, selon ses recherches sur les salaires de directions de cabinets ministériels. Quelque peu agacé par la question, le ministre rétorque que ce sujet n'est pas « admissible en Chambre ». Et il conclut laconiquement: « M. le Président, il faut être à court de questions pour poser ce genre de question. »

Mais le député est tenace et revient à la charge sur le même sujet. En réplique, le ministre retourne alors la même question au député : « Je voudrais, M. le Président, *demander à l'opposition* de déposer les salaires de l'ensemble de leurs employés [le personnel politique], du chef, du leader également. »

Le député Beaudet ne rate surtout l'occasion de répliquer ceci au ministre : « M. le Président, il faut être à court de réponses pour nous poser des questions ! »

Des balivernes

Le député de l'opposition libérale, M. Roger Lefebvre, interroge le ministre péquiste de la Sécurité publique, M. Robert Perreault, sur la formation des policiers de la Communauté urbaine de Montréal. Il termine son préambule par une question qu'il n'aura pas le temps de compléter : « Ma question au ministre de la Sécurité publique : Est-ce que le ministre, qui a répondu à date des *balivernes...* » Le leader du gouvernement, M. Pierre Bélanger, intervient auprès du Président pour lui poser cette question : « M. le Président, je voudrais tout simplement soumettre à votre considération si le mot "balivernes" est parlementaire et conforme à notre règlement. »

Le leader de l'opposition, M. Pierre Paradis, lui réplique : « M. le Président, la preuve que c'est conforme au règlement : le leader du gouvernement vient d'en prononcer, des *balivernes* ! »

De l'humour sucré

Le vice-premier ministre péquiste, M. Bernard Landry, a été tenu fort occupé : on lui a posé deux questions principales, chacune donnant lieu à des questions complémentaires.

La première question principale portait sur le renouvellement du contrat du président de la Société des alcools. La deuxième était au sujet de la fermeture possible de la compagnie Sucre Lantic à Montréal. Avant de faire le point dans le dossier de Lantic, M. Landry lance à la blague : « M. le Président, on peut dire que l'opposition a de la suite dans les idées ce matin, puisque l'alcool est un dérivé du sucre ! »

Une simple distraction

La ministre péquiste de l'Éducation, Mme Pauline Marois, et le critique de l'opposition libérale, M. Henri-François Gautrin, député de Verdun, discutent à propos des frais spéciaux imposés aux étudiants ayant échoué à plus d'un cours au cégep.

Dans une de ses réponses, la ministre se trompe en parlant du député : « Il y a actuellement certaines embûches que le *dossier* de Verdun connaît, bien sûr… »

Évidemment, le député Gautrin intervient immédiatement : « M. le Président, je ne suis pas un *dossier*, je suis un *député* ! »

Se servir du passé

Le chef de l'opposition libérale, M. Daniel Johnson, accuse le nouveau gouvernement péquiste de *copier* les idées de l'administration libérale précédente : « Ma question ne portait pas sur les grandes et belles choses que le premier ministre et son gouvernement ont *copiées* sur ceux qui les ont précédés. » Et il lance au premier ministre : « Volez nos idées, puis coupez nos rubans ! »

Le premier ministre, M. Lucien Bouchard, ne partage pas l'avis du chef de l'opposition : « M. le Président, je pense que nous sommes injustement accusés de plagiat, parce que je ne pense pas que nous ayons *copié* les actes et la gestion du gouvernement qui nous a précédé en ce qui concerne la gestion du déficit. […] On serait à 6 milliards [si on avait suivi les idées des libéraux], alors que nous serons à 3 milliards 200 millions, M. le Président. »

L'art de répéter son message

Au sujet d'un dossier qui a fait l'objet d'une recommandation du Protecteur du citoyen, le député libéral de Nelligan, M. Russell Williams, pose cette question : « En complémentaire, M. le Président. Ma question est fort simple, et c'est au premier ministre : Est-ce qu'il va respecter sa parole ou est-ce que ça va être un autre mensonge ? »

Le Président s'interpose : « M. le député de Nelligan, je vous prie de retirer vos paroles. »

Le député se lève et dit au Président : « Je m'excuse, M. le Président, la langue française est ma deuxième langue, je n'ai pas une longue liste… » Coupant la parole au député, le Président revient à la charge : « À ce moment-ci, M. le député de Nelligan, il ne s'agit pas de reformuler la question, il s'agit de retirer vos paroles. »

Le député se relève et, d'une manière très habile, il réussit encore à faire passer son message : « Oui, oui, je reprends mes paroles, puis je n'ai pas une longue liste de synonymes pour le mot " menteur". »

Impatient, le Président exige le retrait des paroles prononcées, et le député s'empresse finalement d'obéir.

Le contenant ou le contenu?

Tenace, le député libéral de Laporte, M. André Bourbeau, revient plusieurs fois à la charge auprès du ministre péquiste des Finances, M. Jean Campeau, qui retarderait à déposer un document faisant la synthèse des opérations financières du gouvernement au 31 décembre 1994.

Selon le député, «jamais dans l'histoire du Québec, le gouvernement n'aura autant retardé». Et il fait une dernière tentative: «M. le Président, étant donné que le document dont on parle est un document très simple, qui a à peu près un huitième de pouce d'épais et qui prend à peu près une demi-journée à préparer, je pose ma question au ministre: Pourquoi le ministre ne trouve-t-il pas le temps de demander à ses fonctionnaires de déposer maintenant la synthèse au 31 décembre 1994, et qu'est-ce que le ministre a à cacher pour refuser de le faire?»

Le ministre met un terme à cette demande par ce commentaire: «M. le Président, c'est drôle, il semble que, le député de Laporte, son barème pour justifier la valeur d'un document… c'est l'épaisseur ! »

Un fâcheux trou de mémoire

Le chef de l'opposition libérale, M. Daniel Johnson, demande au ministre péquiste, M. Richard Le Hir, de fournir les noms de « trois chercheurs dont les travaux n'ont pas été transmis par l'INRS au Secrétariat à la restructuration ».

Avant de mentionner les noms, le ministre sera victime d'un foutu trou de mémoire en affirmant, très sûr de lui, dans l'introduction de sa réponse : « Outre les noms *qui sont déjà connus*, soit celui de M. Mathews, ceux de MM. Fluet et… je ne me souviens plus de l'autre… »

Bien choisir ses mots

Dans un long exposé, le chef de l'opposition libérale, M. Jean Charest, décrit les difficultés que doivent vivre les bénéficiaires d'un centre d'hébergement et de soins de longue durée de l'Estrie.

Dans sa réponse, la ministre péquiste de la Santé et des Services sociaux, Mme Pauline Marois, a le malheur de mentionner ceci dans l'introduction de sa longue réponse : « Ce que j'ai dit hier, *je le répète* aujourd'hui. » Alerte et vif d'esprit, le chef de l'opposition, M. Jean Charest, n'allait surtout pas rater la chance de river le clou à son opposante : « M. le Président, je soupçonnais que la ministre allait effectivement, comme elle vient de le dire… *se répéter* ! » Et il enchaîne rapidement avec ceci : « Puis c'est ça le problème dans ce dossier-là ! »

Un jeu de mots du député des Îles

Dans le préambule d'une question, le député libéral des Îles-de-la-Madeleine, M. Georges Farrah, commet ces jeux de mots : « Après la débâcle du dossier de la *cimenterie* de Port-Daniel, qui était une promesse coulée *dans le béton*… Et les gens de Port-Daniel, ce n'est pas une cimenterie qu'ils vont avoir, c'est *sept* menteries qu'ils ont eues ! »

137

Verre à moitié vide,
verre à moitié plein

Lors de son intervention dans le dossier des taxes sur la masse salariale, le chef de l'opposition libérale, M. Daniel Johnson, s'exprime ainsi en parlant du premier ministre péquiste, M. Lucien Bouchard : « Étant donné qu'il m'a donné partiellement raison tout à l'heure – c'est ça que j'ai entendu, là – comment se fait-il qu'il pratique le contraire de ce qu'il constate ? »

En réplique, le premier ministre en arrive à cette conclusion : « M. le Président, le chef de l'opposition se réjouit de ce que j'ai reconnu qu'il ait partiellement raison. Ça veut aussi dire *partiellement tort*, M. le Président. »

L'art de se tirer dans le pied

Le gouvernement péquiste a succédé au gouvernement libéral depuis quelques mois seulement. Le député de l'opposition libérale, M. Robert LeSage, demande au ministre de l'Éducation, M. Jean Garon, s'il a l'intention de corriger une mesure portant préjudice à des étudiants universitaires de l'Outaouais, une mesure, de préciser le député, *établie par son propre gouvernement* l'année précédente.

Le ministre de l'Éducation ne laisse pas passer cette chance: «Alors, M. le Président, j'ai constaté, depuis le changement de gouvernement, qu'un grand nombre de personnes veulent faire effacer le passage des libéraux au pouvoir, mais je ne pensais pas trouver aussi des députés libéraux dans cette catégorie!»

Urgent besoin d'un calendrier

Le vice-premier ministre et ministre d'État de l'Économie et des Finances, M. Bernard Landry, est à répondre à une question posée par la députée libérale de l'opposition, Mme Margaret F. Delisle.

Dans la conclusion de sa réponse, le ministre déclare ceci: «Je me souviens très bien des dernières grandes coupures aux municipalités; ça s'appelait la "réforme Ryan". Ça a été annoncé brutalement entre Noël et le jour de l'An.»

En réplique, la députée de Jean-Talon conteste vivement la déclaration du ministre: «M. le Président, le ministre des Finances peut-il se rappeler que, contrairement à ce qu'il vient de dire, ce n'est pas entre Noël et le jour de l'An que la réforme Ryan a été annoncée, qu'elle a été annoncée *au mois de décembre* 1991?»

Le commentaire de la députée était du bonbon que le ministre croque et savoure aussitôt: «M. le Président, il me semble bien qu'entre Noël et le jour de l'An... c'est toujours au mois de décembre!»

Un beau moment de bureau!

Le Parti québécois est au pouvoir depuis quelques mois, succédant ainsi aux libéraux. Un budget vient d'être présenté et l'opposition conteste vigoureusement plusieurs aspects de ce budget, dont le député libéral du comté de Laporte, M. André Bourbeau.

Dans une de ses répliques, le ministre des Finances, M. Jean Campeau, résume ainsi le bilan du précédent gouvernement libéral : « Alors, je reviens à notre ami de Laporte, qui dit, lui : Un bon budget, c'est un budget qui réduit les déficits, qui réduit les dépenses et qui réduit les impôts. Dans ce cas... l'ancien gouvernement n'a jamais eu de bon budget. »

Le leader de l'opposition libérale, M. Pierre Paradis, ne reste pas muet à propos de ce que vient de dire le ministre : « Strictement pour rappeler à l'honorable ministre des Finances que, s'il ne veut pas répondre aux questions du député de Laporte, il peut s'inspirer des dispositions de l'article 82 de notre règlement, qui prévoient, dans certain cas, qu'un ministre peut refuser de répondre. Mais qu'il ne prenne pas cette Chambre pour un cirque ! »

Bien sûr, le leader du gouvernement péquiste, M. Guy Chevrette, y ajoute son grain de sel : « M. le Président, ce même règlement peut inspirer l'opposition : quand on est dans une maison de verre, on ne garroche pas de roches ! »

L'œuf contenait un bœuf

Le député de l'opposition libérale, M. Robert Benoit, trouve que le ministre péquiste de l'Environnement, M. David Cliche, exagère totalement en voulant imposer des frais aux chasseurs pour l'utilisation de caches :

> Oui, la question que je posais, M. le Président, je la repose : Est-ce qu'il est exact qu'au Québec les chasseurs qui auront des caches – deux pieds par deux pieds, mentionne le député Benoit, au bout d'un arbre, pour voir le gibier venir – est-ce qu'il est vrai que, quand ces caches seront installées sur des terrains publics de l'État, il y aura maintenant des frais ?

Et le député s'empresse d'insister : « Une petite cache de deux pieds par deux pieds, M. le Président ! »

Mais à entendre la version du ministre, on découvre une tout autre situation qui déclenche un fou rire généralisé et qui augmente d'intensité au fur et à mesure que le ministre fournit des informations : « M. le Président, à ma connaissance, c'est faux […]. Il y a

maintenant une vogue de caches perma-
nentes sur pilotis… chauffées… avec des
poêles… des fauteuils… des fenêtres…
des divans. » Et le ministre fait une brève
pause, pendant que les députés rient à
gorge déployée en raison de la descrip-
tion des prétendues petites caches « de
deux pieds par deux pieds ».

Essayant de cesser de rire lui-même,
le ministre finit par conclure ainsi sa
réponse au député : « Ces caches sur pilotis sont de véritables chalets montés
sur échasses ! Or, les ZEC ont décidé de
facturer à *ces chalets sur échasses* la même
facturation que les chalets sur terre, M.
le Président. »

Le pont de Québec

Un député péquiste, M. Michel Côté,
veut sensibiliser son collègue du gouvernement, le ministre des Transports,
M. Jacques Brassard, à la nécessité de
restaurer le pont de Québec : « À l'ins-
tar de l'ensemble des citoyens et des
visiteurs de la région de Québec, je
ne peux que constater l'état de déla-
brement honteux du pont de Québec

[qui] projette maintenant une image peu flatteuse de notre capitale. » Et le député pose cette question : « Est-ce que le ministre peut nous informer de sa position dans ce dossier ? »

Le ministre péquiste et séparatiste n'allait surtout pas rater cette occasion de se moquer du gouvernement fédéral qui est le propriétaire de cet équipement routier : « Il y a une chose qui est certaine, M. le Président, c'est qu'il y a nécessité de mettre en œuvre un programme de restauration du pont de Québec. » Et il décoche cette flèche : « Dans l'état où il est, c'est un symbole exemplaire du régime fédéral, c'est-à-dire, M. le Président, rouillé et pas regardable ! »

INDEX DES SUJETS

147

INDEX DES NOMS